Love Hope Life

愛・希望・生命

輔大醫學院鄒國英院長——策畫

目錄

第二部　希望的播種

第三部　生命的力量

推薦序一

一所知識、技術、態度並重的醫學院

賴其萬

輔仁大學醫學院鄒國英院長來電，邀我爲輔大醫學院創立廿五周年院慶即將出版的一本新書《愛．希望．生命》撰寫序文。由於本人長年居住國外，而一九九八年回國時，輔大醫學院仍然沒有醫學系，所以個人對於輔大醫學院的創立初期一片空白。二〇〇〇年輔大醫學院終於成立醫學系，正好趕上台灣開始成立醫學院評鑑委員會（Taiwan Medical Accreditation

Council, TMAC），因此輔大這新成立的醫學系就成了TMAC藉著每年評鑑訪視加以輔導的對象，而本人也才有機會近距離地接觸到輔大醫學系的師生。二○○八年全國醫學院成立醫學人文教育核心團隊（Medical Educators for Humanities, MEH），當時的輔大醫學院院長江漢聲教授與醫學系邱浩彰教授代表輔大參加MEH團隊，使MEH團隊對輔大醫學院對醫學人文的重視留下很深的印象。

這次應邀寫序，而有幸細讀這本新書，才更瞭解醫學院創立以來，輔大醫學院的各醫學有關系所以及校級單位老師的諸多努力。台灣大部分醫學院均爲「醫學大學」，普遍都有「精於醫療，疏於人文」之憾，而唯有輔大、台大、成大這三所「綜合大學」獨享擁有豐厚人文氣息的校園，而輔大又因爲獨特的宗教背景，更將悲天憫人的宗教情懷貫注於醫學教育，稱之爲台灣醫學教育的鳳毛麟角實不爲過。

本書共分爲三部：

第一部「愛的開端」，是輔大醫學院創院及建院恩人的訪談，闡述建院的過程以及對輔大醫學院學生培育的期許。很高興看到我所景仰的台灣乳癌外科手術先鋒陸秀琴修女，以及做學問與做人都是我心目中典範的國內糖尿病專家林瑞祥教授這兩位醫界前輩，都是採訪的對象，而他們對當年新設醫學院的期望與建樹所表現的醫者情懷令人非常感動。還有幾位久仰大名，惜乎未曾謀面的朱神父、鄧院長與崔修女，也都有令人感動的論述；

第二部「希望的播種」，是闡述醫學院各系老師如何將人文素養培育融入醫學院的課程設計。我所熟悉的醫學系主任神經科葉炳強教授親手撰寫「醫學與人生」，他引用了一位學生在參加新竹仁慈醫院活動以後所說的動人心弦的一句話：「醫療是爲了傳愛，而醫學最美的地方在於能夠看到病人及家屬鬆了一口氣的表情。」醫學院院長新生兒科鄒國英教授在採訪中，暢談她如何要求學生利用臨床實習所碰到的問題，分享他們感受到的倫理兩難的情境，而透過小組討論思辯，凝聚心得。對輔大醫學院習慣於PBL學習方式的學生，利用這種方式學習醫學倫理的確有其獨到之處；

第三部「生命的力量」，主要爲老師帶領學生從服務中學習，將理論延伸至實務，而讓學生透過服務的過程，瞭解自我、體驗生命的文章。非常高興看到MEH的成員，臨床心理系的李錦虹老師在受訪時，闡述讓學生透過服務尋找生命的價值。特別是她的這句話：「從被服務的弱者生活中，體驗生命中的不完美，以及互相支持的可貴，並在付出的過程中，認識自己生命的價值。」道盡了服務課程的眞諦。

最後我不得不說，因爲個人涉獵侷限於醫學領域，因此短短序文無法介紹醫學院其他重要科系老師的作品，特此致歉。事實上目前醫學教育著重「專業間教育」（inter-professional education），期待醫學院各不同科系彼此透過更多的瞭解、互動、尊重與合作，才能使病人得到最好的照顧。也因此本人對本書編者在內容方面，涵蓋醫學系以及醫學院其他科系老師的採訪或作品的用心，表示由衷的讚佩。

看完這本書，我最大的感觸是輔仁大學醫學院何其有幸，能有這麼多典範老師共同默默耕耘，而其中幾位我認識多年的輔大醫學院老師都是嚴謹律己、謙虛待人、不拘名位、敬業樂群，而這正是今天台灣醫學教育所希望培養出來的人才。看了這部《愛．希望．生命》，我深信輔大醫學院這二十五年來在老師們的身教、言教已經成功地奠定醫學人文發展的基礎，而將來孕育出更多的輔大醫學院畢業生，一定會給台灣醫界帶來一股清流。

本人謹以誠摯感動之心向各位推薦這本好書。

推薦序二

輔大醫學院：一所以天主的愛為核心的醫學院

高雄醫學大學　劉克明

輔仁大學朱秉欣神父秉持天主教辦學宗旨，於民國七十九年創立醫學院。剛創立時僅有護理學系與公共衛生學系，隨後於民國八十二年，增設心理復健學系，並於民國八十九年八月，成立醫學系，再加上研究所，目前已經成爲相當完整的醫學院。這二十五年來，輔大醫學院在歷任董事會、校長與院長的全力支持，教師們的熱心教誨下，培育了五千多位優秀醫療人才，從事於臨床醫療照護與服務，表現非常傑出，甚受醫界與社會民眾的肯定。

《愛・希望・生命》這本書非常詳實地敘述創立輔大醫學院的理念與創辦過程、如何用心創新課程與教學方法、如何思考引導學生的學習與建立學生主動學習的態度、如何培養學生解決問題的能力、如何安排學生從服務中學習等過程與其成果，以及學生們的感想與反思等，每一篇文章內容都非常富有啓發與實用性，可供其他醫學校院的參酌。個人讀後，謹提出幾點感想如下。

一、找對人

個人覺得最令我感動的是在天主的關愛下，輔大醫學院從創院一開始到現在，一直都非常用心地找到「對」的人，包括姚宗鑑先生、宗倬章先生、宗成志先生、陸幼琴修女、鄧世雄院長、林瑞祥院長、崔如銑修女、江漢聲校長、鄒國英院長及多位熱心負責的教師等。有這些令人敬佩的典範，他們長期對醫護人員的愛、人文、醫德培養的承諾與貢獻，才會有今天表現傑出的畢業生。

二、做對事

醫學教育內容包括專業知識、態度、技能、倫理、溝通技巧、價值觀等範疇。

從本書的十多篇文章中，看到輔大醫學院的課程特別重視愛心、同理心的養成、關懷生命及弱勢族群的利他行爲、從實作中的學習態度、倫理的概念與省思的能力等。教學的策略則要求學生從事樂生療養院、輔大神學院頤福園、台東聖母醫院等六家教會醫院的學習活動、世光教養院服務與實習、板橋榮譽國民之家的服務學習等；同時，在上課及討論課時，會安排臨床教師的實務分享，縮短學生們在理想與現實的差異。這些正式的與隱藏的課程，以及early expose與hands-on experience等實習的安排，甚受各實習單位與學生們的肯定，而且成果斐然。此即輔大醫學院在做對的事。

三、輔大醫學院的特色摘要

陸幼琴修女的愛人濟世、勇於創新、不懼挑戰的精神，是輔大醫學院不斷進步的動力源頭。而所秉持的「四全照護的理念」，則是辦學的核心思想，藉之培育出優秀的臨床醫療照護人員。

林瑞祥教授的遠見率先引入PBL，其活到老學到老的終身學習態度、教不厭誨不倦的良師精神，與以病人爲最優先的考量等宏觀視野與開闊心胸，更是年青學子們的最佳學習典範。

崔如銑修女的創造護理學系的中心思想——3C精神（照顧Care、關懷Concern、熱忱Compassion），不僅能夠讓學生們瞭解概念，更能夠在日常生活中眞正的體會、感受，特別有助於醫療專業素養的建立。

鄒國英院長的「倫理課」，會特別邀請與討論案例領域相關的醫師或人士，以「神祕嘉賓」方式來與學生分享實務經驗，使學生獲取眞實生活案例的深刻領悟。此倫理課的目的在營造培育學生倫理敏感度、思辨能力及處理問題能力的環境，以收潛藏課程的效果，實爲倫理教育的最高境界。

葉柄強系主任的特別花費心思規畫的「醫學與人生」課

程，讓學生面對生命的「生、老、病、死」中的「甜、酸、苦、辣」，非常用心的設計教學內容，包括實際體驗、聆聽觀察、反思記錄。課程內容很有震撼力及影響力，學生更是獲益良多。

最特別的是 M101 班李英誠同學，對於爲什麼要選醫學系的問題，回答是「醫療是爲了傳愛，而醫學最美的地方在於，能夠看到病人及家屬鬆了一口氣的表情」，是學醫的動機，此即爲輔大醫學院亮麗的教育成果。

四、持續提升國際視野與聲望

輔大醫學院己頗具國際名聲，特別是在 PBL 的教學與研究方面，廣受醫學教育界肯定。未來宜善用與國外教會大學及醫學校院的合作經驗及資源，更進一步推動多方長期的師生交流互動，分享經驗外，並需要加強招募南美與非洲的國際學生，不但可以落實朱秉欣神父提升師生國際視野與國際競爭力的期望，同時能達到傳達上帝無私的愛與宣揚天主教教義的辦學目標。

五、永續經營，發揮天主教最大的影響力

在深具人文特質及音樂才華的江漢聲校長卓越領導下，目前輔大更大步快速發展，積極著手以天主教精神建立附設教學醫院，預期不但將成爲朱秉欣神父所期待的一所全台灣最具人

道關懷的天主教的醫院，能秉持愛人救人的理念，提升醫德，眞誠的對待病人，講求人性的醫療，給與尊嚴與妥善的全人照護。讓輔大附設醫院不僅是提供臨床治療，更是眞正關心病患和家屬的醫院，而且更要成爲台灣其他醫療系統的典範，以發揮天主教最大的影響力。

最後，在本書中，鄭其嘉老師提到「輔大強調以愛包容他人的精神，強化合作的氛圍，學生態度很謙虛、謙卑，也很尊重老師。這是我天主教學校學生保有的最大特質，但有時候專業能力和信心不足，則是學生的致命傷」。輔大醫學院在解決此致命傷方面的努力，個人特別肯定鄒院長及全體師長們長期熱心於醫學教育的顯著貢獻。

茲爲《愛・希望・生命》一書，個人謹撰文表達對輔大全體師長們的敬意並推薦之。

後記，八月一日，個人在撰寫本文時，正逢高雄市發生氣爆慘案的次日，看到如此慘重的傷亡與破壞的報導，內心悲痛無比，除了感受到人生無常及生命之脆弱，更印證了輔大醫學院開設生命相關課程之重要性。

個人謹在此向多位受難之消防隊員及民眾致哀，並特別感謝全力投入救援行動的國軍及醫療人員。

推薦序三

輔大醫學院之緣，圓我們的人生

江漢聲

來到輔大，結緣輔大，是十二年前天主的一個召喚，回首過去，恍如一夢，一個人生的美夢。

從北醫借調到輔大擔任醫學院院長，本來不在我人生的規畫中。我在台北醫學大學任職二十年，一直努力在臨床工作和學術研究，也被遴選爲醫學院院長，然而對於自幼領洗爲天主教徒的我而言，也有一種使命感到天主教大學來奉獻，同時，對這所神父、修女所創立的綜合大學，也充滿好奇。

其實，我在到任前一年已隨 TMAC 評鑑委員會到輔大醫學系評鑑過，也大致瞭解輔大醫學院還欠缺什麼，所以上任以後爲醫學系引進了新光、國泰兩家醫學中心，加上原來的耕莘醫院，共同把輔大醫學系經營起來。在任醫學院院長期間，我創辦了職能治療系、基礎醫學研究所、呼吸治療系、護理系二技在職班等等，使醫學院達到一定的規模。

最令我欣慰的，是在百般困難中將輔大醫學院的新大樓興建完成。當時只有八億台幣的預算，神父們很節儉地選擇造價最便宜的建商，並且限制只能蓋教室和實驗室，我想辦法保留了高大的 Lobby 和一、二樓兩個大講堂，後來從慈善家金先生募得台幣三千萬裝璜了有音響舞台的多功能國際會議廳，目前是輔大最常使用大型會議的場地。

輔大醫學院的另一個大恩人，是由第一任院長朱秉欣神父結緣而來的宗成志先生，他獨資爲輔大建立了宗倬章紀念醫學院，本來也出資要蓋輔大附設醫院，後來因學校董事會反對而作罷，在我擔任醫學院院長之後又繼續給我們很大的幫忙，在新醫學大樓中成立了睡眠研究中心、電子顯微鏡室、質譜儀研究中心等等；此外，在新光醫院、國泰醫院的資助下，我們也建制了現代化的動物實驗中心、臨床技能中心，把輔大醫學院的研究環境完備，也是大部分基礎研究老師能順利升等教授的原因之一。

在我醫學院院長任期屆滿前，承蒙輔大厚愛，特別安排醫務副校長一職讓我能繼續爲輔大效勞。在這期間，我把輔大診所遷移到醫學院來，並且經營成功，到今天，除了能照顧輔大教職員工生和神職人員之外，也開始做泰山、新莊的社區服務，每年的業務都有成長和盈餘。在一個偶然的機會，聖保祿修女會要找我們合作興建輔大附設醫院，單國璽樞機主教更進一步告訴我們他以往就留在心裡的計畫。於是，找地、評估、標選建築師、申請建照、爲輔大醫學院蓋自己的醫院，就成了我最重的責任，也一直持續到我選上校長，就任到現在。

雖然我比學校很多同仁是資淺的輔大人，但天主給我這段奇緣，在十二年間深深融入輔大、愛上輔大、更有幸能領導輔大，以完整的醫學院和醫院在未來超越台灣其他的私立大學。我想說，這是天主的大能所給我的恩典，每每想到輔大創校的于樞機、羅光校長和許許多多神父、修女，他們幾十年離鄉背景，無怨無悔爲輔大開疆闢土，辛勤奉獻，我就自覺慚愧，要求自己更努力，全心爲輔大打拚，在輔大躍進的歷史上，留下我的足跡。

鄒院長精心編的這本《愛．希望．生命》，很完美勾勒出輔大醫學院的歷史輪廓，讀過後令我感觸良深，緬懷前人故事，瞻仰偉大遠景，我眞慶幸自己融身其中。從十二年前的結緣，我成了天主召喚的輔大歸人，而不只是過客；我想，所有在輔大醫學院駐足過的神長、老師、學生、職員都會和我一樣珍惜輔大緣，感恩天主以此圓了我們的人生。

導讀

以愛播下希望的種子，並看到生命的成長

鄒國英

緣起

在二年前，輔大醫學院成立了「使命小組」，我們重新檢視了醫學院的宗旨、目標與願景，並詮釋醫學院的核心價值——眞、善、美、聖。眞——主動學習、追求眞理；善——尊重生命、關懷社會；美——超越自我、全人照護；聖——

成己達人、榮耀天主。此一新的詮釋經院的行政主管會議通過後，請各系所進行系內師生的討論，並依系之特色提出系所對眞、善、美、聖的詮釋。

接著，使命小組再研擬在醫學院如何可再加強具體落實天主教大學及院的使命特色與核心價值。在與會老師檢視醫學院暨各系與使命特色相關的課程與活動後，呈現在眼前的是相當豐富的醫學人文課程、醫學人文活動（如好醫師先修營、偏鄉眞愛體驗營）與多元的服務學習活動（如台東健康服務營、坦尚尼亞醫療志工服務隊、醫學營等）；且這一個台灣第二年輕的醫學院即將進入第二十五年。我們決定除加強人文與歷史性活動的空間陳設外，並出版醫學人文專書，期待經由文字的傳達，看書的人能受到感動、激勵。

我們先將創院系恩人的初衷、期許，及老師如何藉由醫學人文及服務學習課程活動培育、激發學生的人文素養的文章集結出書；之後，再出版學生參與課程、服務學習活動的心得感想、反思及體會的生命故事。

這是一本談「用生命培育學生人文素養」的故事。

它可以是你我在大學院校裡，任何一位學生，都可曾經歷的一些人文薰陶的過程。

不過這裡所談的故事，卻是一個醫學院學生，在大學裡從創院系師長身上及所上的課程培育人文素養的故事。是著眼於一個醫學院學生，在他畢業進入社會服務之前，無論他將來要從事的是什麼與人或事物的服務有關的工作，他在社會上都需要的「文化、藝術、愛心、關心與服務」的陶冶。

生命在不斷地成長；輔大醫學院的人文素養課程也不斷地更茁壯、成熟、愈週全。

願此書能引出更多生命的故事，以愛爲開端，播下希望的種子，看到生命的成長，激發出生命的力量。

導讀

人文素養的核心精神在於能對人發自內心的尊重和關懷，醫學院培育出的學生日後大多是以人爲服務對象，且是處於軟弱、痛苦時期的人們，因而對培育學生的人文素養的培育亦顯重要。學生的人文素養的培育可以經由正式（Formal）課程，非正式（Informal）課程及潛藏（Hidden）課程來達成。潛藏課程爲人文倫理教育所欲達到的最高境界，目前學院著力較多的是正式與非正式課程。

本書包含三部分，第一部「愛的開端」，爲探索、尋訪與聆聽輔醫開拓者如何開始這份愛的工作。輔大醫學院創院院長朱秉欣神父貢獻自己五十年，除創辦醫學院更繼續教育學生，期許醫療人員不隨便放棄任何一位病患、重視病人的權益、給予病人尊嚴和妥善的照顧。陸幼琴修女在第二任院長任期內創立醫學系，引進問題爲基礎的學習方法（Problem-Based Learning, PBL）教學方式，她堅決認爲醫學系要培養技術加品格、勞力與用心兼備的良醫。她目前仍繼續以愛心教授學生「醫用英語」課。耕莘醫院鄧世雄院長與輔大醫學院的淵源更早自成立的萌芽時期，在他的多方奔走之下才有些眉頭，親筆書寫醫學院成立企畫書，十年後更是突破重重困難協助成立輔大醫學系。爲著培育眞正懂得犧牲、付出、奉獻和愛心的學生的理念，他過去十五年投入於醫學系服務學習課程的經營。林瑞祥教授是輔大醫學系實施 PBL 課程的最大推手，讓學生走出被動的講授模式，改採主動學習，培育學生終生學習的能力。其實，他自己就是終生學習的最好楷模。而崔如銑修女於需要時毅然辭去美國醫院院長的職務，到輔大擔任護理系的首屆系主任。她的爲人、處事及核心理念，對輔大護理系的影響深遠，一直爲護理系師生所敬佩與感念。

輔仁大學作爲一所天主教大學，相當重視學生的人文教育，致力於學生人文素養的培養，醫學院也將培育學生「尊重生命」、「服務熱忱」列爲教育目標。但如何設計一個學生積極投入且有收穫的醫學人文課程是一項大挑戰。如葉炳強老師說：「任何課程的安排並非一開始便可掌握『教』與『學』的核心與引起動機。」因而在書中的第二部「希望的播種」，我們邀請老師無私地分享他們如何規畫、設計、執行及改進醫學人文課程。

一般而言，音樂可以調劑心情，影響一個人的情緒。施以諾老師以他音樂上的造詣，導引學生認識以音樂改善心情、降低焦慮甚至止痛的果效。他更以巧妙的方式將「健康」（HEALTH）這個單字的六個字母，與音樂治療所需有的六種態度與認知相結合。每個人自己要如何面對人生的「生、老、病、死」中的「甜、酸、苦、辣」，是人生的最大功課。葉炳強老師掌握身為醫者的該如何陪伴、如何協助及如何介入，是醫學生習醫過程中最重要的功課，安排學生藉由「實際體驗」、「聆聽觀察」、「反思記錄」方式，培育他們對人生的敏感度及觀察力，並學習溝通，爲建構日後健康的醫療生涯、加強同理心及關懷行善的能力奠下基石。生死學到底要教學生什麼？相信這是許多老師與學生心中的疑惑。劉淑娟老師透過多元的教學活動，讓學生去實際察覺、感受、反思與體驗，學習懂自己、懂生命、懂生活。陳美琴老師，在「人本心理學」此課程，藉由影片賞析、專書介紹、機構服務等方式，培育學生人本精神、人文關懷的軟實力，引導學生能以更正向的態度去建構自己生命的意義、努力尋找自我實現的可能性、在需要的人身上看到自己的責任。護理系自創系以來致力於培育學生3C（Care, Concern & Compassion）精神的養成（照護、關懷與熱忱），張嘉娟、劉莉妮、闕可欣三位老師以文學、繪本與電影爲素材，經由小組討論、反思報告的方式，帶領學生從不同的角度及病人的心路歷程，對3C的概念有深刻的感觸、啓發。醫學倫理在醫學教育當中，是相當重要的一門核心課程，鄒國英老師改進傳統小組討論的形式，運用案例探討醫病倫理，增加學生對倫理議題的敏感度以及反思能力，並增加學生對同儕想法的認知；協助學生依個人實習經歷改編成案例，使學生有參與感與增加其學習動機；也邀請許多位醫師共同參與課程並分享他們的經驗，以結合理論與實務。公共衛生學系的鄭其嘉老師以人性爲出發，由個人需求來教導學生如何促進健康，在「性教育」方面注重「自我辯證」的過程，以協助學生澄清、塑造自我的性價值觀，保護自己也保護別人。

輔仁大學多年推動「全人發展，服務實踐」，有與課程結合的體驗實作或是專業服務實作，也有校、院、系或學生社團主導的服務學習活動，服務學習已蔚爲一股風氣。在「做中學」中，學生學習如何與人溝通、尊重他人、關懷生命，進而培育學生助人的心、反思生命的意義、建立個人的價值觀，更激發被服務者與學生的生命的力量。在本書的第三部分「生命的力量」的五篇文章，分享服務學習課所帶出的生命火花。

護理系在大一新生的大學入門課中，安排學生聆聽榮民爺爺「人生故事」，學習與與高齡者溝通與互動，學生受到感動、激勵、反思，有如埋下一粒關懷、尊重的種子，待持續灌溉助其發芽、成長。職治系學生連續六年到新竹世光教養院服務與學習，激起學生服務奉獻的心，學習感恩的心，感受專業存在的價值，也觀察到了很多人生的課題。臨床心理系服務學習課程讓學生深刻感受到機構工作人員的熱情，藉此學習正面、積極的迎向所有挑戰的人生態度，也重新思考生命的意義。公共衛生學系是一個兼具廣和窄的系。陳凱倫老師在「社會學」與「心理衛生」這二門課，讓學生在學習課本知識之餘，還能經由服務學習的時機，接受挑戰、瞭解族群的問題，給予學生深刻的體驗與反思。呼吸治療學系藉由專業性服務學習與角色扮演，讓學生學習如何貼近病人的心與病人拉近距離，學生以團隊合作的方式發揮創意，協力設計出遊戲來陪伴病人，在照護病人的過程中，得到正向的能量與成就感。

＊作者為輔大醫學系創系主任及醫學院第四任院長，耕莘醫院新店總院榮譽顧問醫師

第一部

愛的開端

獻身輔大五十年

朱秉欣神父口述
盧冠雯撰文

「天主教辦學校、慈善機構、醫院，都是天主藉由我們的手來彰顯祂的愛。」
——單國璽　樞機主教

天主教辦學一向堅守教義，強調愛與人文素養的價值。而這種注重人文培養的精神，體現在設立醫學院和建設附設醫院上。輔仁大學醫學院創院院長、耶穌會士朱秉欣神父，貢獻自己，秉持著天主教辦學宗旨，創辦醫學院，規畫建設附設醫院，回饋新莊、天主教輔仁大學，他以專、兼任教授，服務輔大五十年。

下面我們來看朱神父的生命故事。

創辦醫學院緣起

朱神父表示，於國外學成之後來到台灣，最早推行心理輔導，以後任中學校長，同時於輔大主講心理學。關於醫學院的創辦，他說他只是助手而不是推手，希望創建醫學院是耕莘醫院已故前院長姚宗鑑蒙席。他發現醫護人員的醫德必須大大的提高，有效的方法就是由天主教大學創辦醫學院來提倡醫學倫理。

在姚蒙席及其他教內外人士的幫助之下，醫學院在民國七十九年創立。創辦的開始，教育部只准護理學系與公共衛生學系。爲使醫學院成爲一個完整的學院，八十二年增設心理復健學系（現已改名爲臨床心理學系）。朱神父成功地創建了醫學院。

輔大繼續發展

請問朱神父輔大近年來的變化。朱神父稱讚輔大整體的素質相當良好，學生的競爭力也有所提升。現任校長江漢聲很有才華，本身不只是一位泌尿科權威，更是一位文學家兼音樂家，輔大在他的領導下，風氣多元而開放，帶來不同於以往的活力。

輔大各學院培養出很多專業人才，不只在大學畢業後有很好的成就，就在學習期間早已與企業界合作，而且有很多優異的表現。「理工學院的科學研究技術，有著優異的表現，管理學院與業界的合作，開創了學生無限的可能。」

天主教辦學

人爲萬物之靈，具有靈魂的特質，人和動物不一樣，所以人有宗教信仰。朱神父表示，天主教宣傳教義有多種方式，有的採直接傳教、教育傳教，也有的採社會服務工作。希望藉由上帝的無私的愛，讓我們作一個善良的人。朱神父認爲，天主教教義對於現今輔大的學生而言，沒有太大的直接影響。校園中的宗教輔導室，原則上是提供學生探討信仰的地方。社會科學院的宗教研究所與宗教學系，該是輔大的特色之一。

朱神父也提到，其他宗教大學，像佛教創立的佛光大學，因爲有佛教界的精神領袖影響著教徒，是一個值得效法宣揚教義的例子。他期許輔大在未來，能吸引更多外籍學生就讀，提升國際視野，而不是侷限在姊妹校之間的短期交流；輔大也可考慮資助南美、非洲國家優秀的學生前來就讀，投資輔大國際上的競爭力，「輔大應該在未來加強招募國際學生，提高輔大國際的能見度，也鞏固各國與輔仁之間的關係。」朱神父說。

他希望將來能發展遠距教學，把輔大所擁有的教學資源、醫療技術，來協助其他各地的天主教醫院；等醫院落成之後，更能與其他天主教醫院互相觀摩合作，能發揮天主教更大的影響力。

對輔大醫院的期待

談到輔大的附設醫院，也是新莊地區現最大規模的綜合醫院，朱神父眼神中盡是期待，當初創建醫學院，未能興建醫院的遺憾，所以他希望能早日實現。

朱神父希望附設醫院的醫護人員，能秉持愛人、救人的理念，提升醫德，不論是窮人還是有錢人，不隨便放棄任何一位病患。對待病患，要做到知情同意，也就是在不隱瞞病人狀況，讓患者對自己的病情能有所瞭解。在給予醫療協助時，要徵得病患的同意，不私自決定，重視病人的權益。他說，治病是救人，而不是修理人體零件，將病患當成醫護人員的家人朋友一樣的對待他們。

「將病人視爲上帝一樣的服侍，醫護人員應以同理心，來爲他們祈禱，求上帝賜福讓他們懺悔。」

朱神父也提到自己對於生死的觀念，認爲病人生命即將走到盡頭，要跟隨天主的召叫，不必多做急救。因爲人的一生有他固定的時間，走到鐘擺的盡頭那一端時，試圖插管治療並沒有任何意義，反而會讓病人更加痛苦。

朱神父認爲，某些醫院只是想要賺錢，才強行將人的軀殼留下；而具有天主教精神的輔大醫院，不應該，也不會這麼做。醫院裡需要設置院牧，住在醫院裡面，每天關懷病人以及他們的家屬，讓他們感受到溫暖，讓輔大附設醫院不僅提供治療，更是眞正關心病患和家屬的醫院。

他期待醫院在未來，能發展成一個專業人員研究中心，能維持下去，發展成爲全台灣最具人道關懷的天主教醫院。辦醫院的目的不是爲了賺錢，而且盡可能減少病人家屬的負擔；醫師的目標不在提領薪水的多寡，而是眞誠的對待病人，講求人性的醫療，給予尊嚴和妥善的照顧，讓輔大醫院在未來能成爲其他醫療系統的榜樣。

感謝的恩人

朱神父表示，十分感謝姚宗鑑和宗倬章教育基金會董事長宗成志先生當年的幫助。當初能籌得經費建設醫學院和規畫附設醫院，都是兩位恩人無私的奉獻。直到現宗董事長每年提供巨額的支助，沒有他們，就沒有現今的輔大醫學院，更沒有輔大所培育出來的醫護人員。

神父於輔大奉獻一生

校園中經常看到許多神父和修女，有的是教授、有的是行政人員，還有退休的神職人員，住在校園裡的角落，度過在輔大奉獻之後的晚年。朱神父表示，輔大是他服務多年的地方，濟時樓當初也是耶穌會所建造，這裡已經是他駐留三十年的家。現在，他仍在醫學院及法學院擔任兼任教授。

爲神奉獻一生的朱神父，對於生死看得輕如鴻毛，輕輕地拿起，也輕輕地放下。

八十五歲的朱神父，現今依然住在耶穌會的濟時樓，繼續著耶穌會士在輔大的奉獻和愛人的精神。

創建與期許

陸幼琴修女口述
張嘉琦撰文

我們不要名醫，要良醫。我鼓勵學生發覺並傳揚自己的使命感。找機會接近造物主，感受祂的博愛和宏觀。確立自己的人生觀以及要努力的方向，然後努力做到自己想要成為的醫師。

楔子

走進耕莘醫院四樓走廊，遠遠看見一間辦公室門上貼著紅聯，方方正正地在「陸修女辦公室」幾個字的下方。書法的字跡精緻工整，「歲月易逝莫空過，永生難求要力爭」。後面署名「單國璽」。

辦公室門開，迎來一位慈眉善目的女性，身著一襲白色裙裝，搭件白色醫師袍，微捲的黑色短髮梳得整齊，臉上掛著親切微笑。

她是陸幼琴，一位修讀外科醫學的修女，耕莘醫院的前任院長，現任乳症外科主治醫師、院長室首席顧問醫師兼牧靈部主任。台灣乳癌防治及安寧療護的幕後推動者，也是輔仁大學醫學院第二任院長，輔大醫學系的創辦元老之一。

協助創辦輔大醫學系

約莫十五年前，輔大醫學系的籌備過程並不容易。除了經費是個問題之外，醫學系的申請也是困難重重。但是再怎麼困難，當初共同籌備的一行人都還是努力商討，如何解決一個又一個的難題。

陸幼琴修女說：「當時台灣真的很缺醫師。我們曾經在台灣走透透，訪勘各地的醫院，發現有許多神父、修女致力於協助偏鄉蓋醫院，卻請不到合適的好醫師。於是想要在教會學校創辦醫學系。」教會學校的特色是注重人文倫理方面的教育，這對於一位好醫師「愛人濟世」的使命來說非常重要。她說，因爲這樣，當初在衡量輔大醫學系是否要另設分部時，還是決定設置在輔大校本部，期望醫學系能夠受到輔大校園獨特人文氣質的薰陶。

輔大醫學院位在以單國璽命名的國璽樓，又分成舊醫、新醫兩棟大樓。宛如水晶城堡的新醫大樓之所以促成，也是因著陸幼琴修女。原先醫學系只有一層樓的使用空間。陸幼琴修女說，醫學系需要大量教學設備和器材，怎麼可能只用一層樓？於是她堅持爲醫學系蓋新大樓。

申請成功、大樓矗立，醫學系的硬體已大致備齊。而對於軟體，陸幼琴修女也是貢獻斐然。「我與林瑞祥教授、鄒國英教授去考察美國、加拿大等地的醫學教育，引進當時國外已經在用、國內尚未實行的 PBL 教學方式。」PBL 是以問題爲基礎的現代化學習方式，一反台灣學生習慣的單向教學和塡鴨式教育，讓醫學生針對醫療情境問題自行找資料、小組討論、解決問題，建立自我學習、永續成長。雖然起初推動不易，但陸幼琴修女堅持。她說：「輔大醫學系要培養技術加品格、勞力與用心兼備的良醫。」

秉持信仰在台灣從醫

推動台灣醫學教育的創新教學，陸幼琴修女笑說：「其實我沒有在台灣上過一天課。」陸幼琴修女在上海出生，待四川五年、香港三年、加拿大五年、美國二十五年，雖都是在國外成長及受教育，她卻選擇三度來台服務。第三次來台後就一直在耕莘醫院到現在，一晃眼就是二十九年。這些年來不只致力於提升擴展耕莘醫院，還協助創辦輔大醫學系，同時還獻身於台灣的乳癌防治、推動安寧療護、成立護理之家。「一切都是天主的安排。因爲恩惠而有了信仰，因著信仰而有了使命，這一路上我只是爲主效勞，做祂要我做的事情。」

陸幼琴修女起初來台是做一般外科，後來注意到外科醫師多爲男性，而國內婦女個性保守，使得乳癌患者易延誤就診，於是毅然投入乳癌防治工作。多年來她堅守耕莘醫院乳症外科，在乳癌醫療方面投注心血，也看著台灣乳癌防治工作的成長和改變。她說，其實從國內外的醫學教育，就可以看出男女醫師比例不均、男女醫學資源比重不同的問題。因爲男性醫學生較多，也就較少學術研究針對女性患病率較高的乳癌。而較辛苦的外科也多是以男性醫師爲主，使得過去乳癌防治工作及照顧觀念相對落後。陸幼琴修女說，近年來女醫師有增多，但乳癌防治這部分還有很大的進步空間。而政府也要更用心地加強宣導，同時需要民眾的響應及合作。

期許醫學生實踐四全

「無論是PBL教學還是乳癌防治，有好的起步之後都需要持續努力。」談到台灣醫學教育或醫療環境的前景，陸幼琴修女都是懷著積極正向的態度。她說，雖然近年來台灣的醫療糾紛頻繁，醫病關係越來越像美國，使得許多醫師受不了而轉換跑道，但她還是對輔大醫學系的學生有很深的信心和期許。「輔大畢業的學生向來都是最被工商業讚許的，怎麼說呢？精神面就是有一點不一樣。他們腳踏實地，而且很願意爲社會服務。輔大醫學系也是，我們不要名醫，要良醫。我鼓勵學生發覺並傳揚自己的使命感。找機會接近造物主，感受祂的博愛和宏觀。確立自己的人生觀以及要努力的方向，然後努力做到自己想要成爲的醫師。」

耕莘醫院的宗旨是「愛主愛人，尊重生命」，並秉持「四全照護理念」。所謂的四全，分別是全人照護——滿足病人身、心、靈的需求；全家照護——給予病人家屬及親友關懷和照顧；全程照護——陪伴病人走過生、老、病、死每一過程；

全隊照護——結合各專業團隊的力量，提供全人、全家、全程的全方位與整合性的服務。

輔大醫學系一直與耕莘醫院的關係密不可分。陸幼琴修女說，耕莘醫院對工作人員的期許，也是她對輔大醫學生的期許，實踐全人、全家、全程、全隊的照護。

培養仁心仁術

鄧世雄院長口述
張嘉琦撰文

很多人需要他人為他建立對於生死的價值觀。有宗教信仰的人，比較容易找到答案。醫療人員如果只是提供身體的照護並不足夠，心理和靈性的關懷也是很需要的。

「醫療工作是對『人』的工作，是一份對『人』的服務業，不是只有專業技術就足夠。」現任耕莘醫院院長鄧世雄說：「人在生病時是處於很弱勢的時候，除了治療之外，病人需要的更是一份關愛和照顧。」秉持這般想法，在鄧世雄院長領航下的耕莘醫院長期投入老人照護的工作，而與耕莘醫院關係密不可分的輔仁大學醫學院，當初不只是由鄧世雄院長親筆書寫醫學院成立企畫書，也是因著他開啓了輔大醫學生的服務學習課程。

近三十年前，一群剛從台大醫學系畢業的醫學生，在天主教耶穌會支持下成立了康泰基金會。一開始舉辦健康講座、急救訓練，而後發展乳癌防治、乳癌病友聯誼、幼年型糖尿病聯誼會、安寧療護及失智症照顧。鄧世雄院長說：「我們當時自恃不可一世的年輕人，一心只想改善環境。」歲月易逝，理想卻未褪，三十多歲就因著基金會成為董事長的鄧世雄院長，不曾停止過要改善環境的想法。在耕莘醫院擔任副院長時，因緣際會下與陸幼琴修女、林瑞祥教授等人一同踏上成立輔大醫學院和醫學系之路。

鄧世雄院長說，三十多年前，醫院評鑑指標有審查實習醫師數量，使得當時的耕莘醫院院長袁君秀神父他們正視實習生不足的問題，於是萌生成立醫學院以培訓醫學生的想法，希望能培養更多有愛心、背負天主教使命及奉獻精神的醫療人員。在籌備成立輔大醫學院期間，一行人不辭辛勞地走遍台灣各地天主教醫院，雖經過一些波折，而後仍順利成立了醫學院，但醫學系卻未能通過。十六年前，教育部再次開放增設醫學系的政策，輔大籌設醫學系的責任再度落在耕莘醫院身上，在當時的輔大楊敦和校長和耕莘醫院陸修女院長帶領下，由林瑞祥教授擔任籌備委員會主任委員、鄧世雄院長擔任總幹事，耕莘醫院和輔大醫學院緊密合作。即使過程歷經許多難題，最終還是完成這份使命。鄧世雄院長憶起當時情景彷彿還歷歷在目，他笑說，輔大醫學院的成立企畫書還是他親筆手寫的呢。

醫學系成立十多年來，鄧世雄院長不僅是創始元老，更留下了一份當時的創舉，讓輔大醫學系年年沿襲。鄧世雄院長說：「以前的醫學生從入學到畢業前，都不知道外面高齡殘疾者的世界是如何，畢業之後就開始忙碌的醫師生涯。因此，我希望以後的醫學生能夠在就學時，親身體驗而且眞正懂得犧牲、付出、奉獻和愛心。」在鄧世雄院長的這份理念之下，每一屆輔大醫學系的學生，在大一升大二的暑假，運用整整兩週的時間到養老院或身心障礙機構，陪伴住民聊天、吃飯，親近病人學習付出關懷。「我希望他們能藉此培養醫德，體會生命的價值、瞭解工作眞正的意義，以及團隊合作的精神。」這份對於培養仁心仁術的重視，成爲輔大醫學系的特色之一。

鄧世雄院長強調人與人的關係，也很重視人與天主的關係。醫療常常面對生老病死，尤其是死亡，死後去哪裡？爲什麼做很多好事卻得病？得病後活下去的意義是什麼？鄧世雄院長說：「很多人需要他人爲他建立對於生死的價值觀。有宗教信仰的人，比較容易找到答案。醫療人員如果只是提供身體的照護並不足夠，心理和靈性的關懷也是很需要的；我們面對的是人不是機器，人需要擁抱、需要面對面溝通、需要身心靈全方位的照護，病人的家屬也要兼顧，照護的過程更應是連續的，照護的品質與成效必須依靠跨專業的團體合作，才能貫徹達成。

到需要的地方

林瑞祥院長口述
許順成撰文

正印證：活到老，學到老。特別是醫學領域。現代醫學進展非常快，學校教育沒有時間、沒有辦法教所有的東西。PBL養成學生終身學習，才是不二法門。

一、訪談開始

星期六上午十點，我從再熟悉不過的輔大校園，走向後方的醫學院大樓。

醫學院大樓三棟呈現階梯的狀態，分別是六、九、十二層樓。從最早的宗倬章大樓，到現在的國璽樓，好似象徵這個學院的成長。

醫學院建築是外表，眞正影響發展的是人。

而我等一下要訪談的人，就是對醫學院發展深具影響的林瑞祥院長。

二、我見過他

我跟林院長在台東見過面。

前年，醫學院年度重大活動台東健康服務營，最後一天晚上，醫學院安排服務學生到台東聖母醫院經營的聖母農莊晚餐。那天，一位溫文儒雅的長者出現跟學生說話，就是林院長。

在這之前，我一直耳聞醫學院有一位「名譽副院長」。這是開創輔大特例的，特別是來自一個新興的學院，哪來的資深教授？很令人好奇。

三、輔大碰到「釘子」

一九九八年，林院長從台大退休前二個月，現任耕莘醫院鄧世雄院長找他商量，輔大正在籌備醫學系，但碰到「釘子」。原來，輔大申請醫學系多年，被教育部以「醫生太多」爲由駁回。最近教育部說有名額，通知輔大可以申請。輔大準備了申請案。但審查委員說，輔大的教學內容有些老舊，缺少對醫學教育有經驗的人參與。

於是，林院長協助籌備委員把申請案的傳統式教學方法修改，就通過了。

四、PBL

林院長所說的教學方法，就是以問題爲基礎的學習方法（Problem-Based Learning）。

林院長說，加拿大爲了因應即將實施的全民健康保險，McMaster 大學在一九六五年開始籌設醫學院。多數創辦人覺得，過去醫學院老師講課，學生興致不高。後來畢業，特別是擔任住院醫師期間，繞著病人呈現的問題學習時，覺得非常有趣，也有益。因此他們決定用病人的問題作爲課程規畫的基石。課程中儘量減少事先排定的上課時間，讓學生有更多時間澄清觀念，深度瞭解，減少死背的壓力。他們認爲，以問題爲基礎的學習方法可以增強學生解決問題的能力，課程更有彈性，容易改變，也容許整合臨床和基礎科學教育。又因在校時繞著遇到的問題學習，後來執業遇到問題時，可能會自己尋找新的訊息解決問題，成爲終生自我學習的醫師。

林院長解釋，沒有把ＰＢＬ譯成「問題導向的學習方法」的原因是，另有一種學習或教學方法，稱爲Problem-directed learning。例如要講授「台灣經濟」，可分別講述或討論台灣經濟發展史、資本主義和社會主義、發展中國家與先進國家經濟的互補與依賴性等。可用ＰＢＬ的方式讓學生學習，或以didactic lecture（講座和教材教學）的方式講授。這種方式翻譯成「問題導向的學習或教學方法」。若把problem-based learning譯成「問題導向的學習方法」，他怕會造成無謂的混淆。

五、輔大的開始

說來奇妙。輔大最早實施ＰＢＬ的不是醫學系。

林院長回憶，當時食品營養學系主任找他給碩士在職專班開課。他提出ＰＢＬ教學方法。如果老師在小組討論時替學生打分數，可能會破壞學生彼此合作，共同探索學習的氛圍。因此林院長要求，可不可以不打分數。後來折衷，只有「通過」和「不通過」二種分數。研究生期末發表感想說，這門課是自己要去學，然後和同學討論，取得共識。沒有考試，但是反而唸得更多。

我插話說，這和媒體教學上的「coach method」，有異曲同工之妙。林院長點點頭。

醫學系方面，當時醫學院陸幼琴院長說，傳統課程已經通過了。至於 PBL 呢？「如果那麼好，挑一科課程試試看。」但林院長堅持，要，就是「全面實行」。

那一陣子，醫學院老師前後出國參加會議，包括加拿大、美國、香港、新加坡等，瞭解和評估 PBL。這其中包括多少猶豫，例如重視倫理、遵循喜怒哀樂不形於色、君子欲吶於言、個性比較不會發問的華人，可以做 PBL 嗎？

有一天，陸院長在香港參加第一屆亞洲 PBL 研討會，跟澳洲 Flinders 大學醫學院小兒科教授長談後，找林院長。她說：「您說對了，我們就做這個。」

六、從質疑到肯定

台灣的醫學教育開始走向ＰＢＬ。但很多醫界教授和前輩還是持疑問的態度。不只是對ＰＢＬ的認知有落差，還包括傳統觀念的意識，以及國情認知不同。

這些都是要透過一次又一次會議和討論。需要堅持，需要忍讓。

有一年評鑑，輔大醫學系四年級一組七位學生，利用ＰＢＬ討論個案疾病。有一位評鑑委員從開始到結束，整整三小時在旁觀察討論過程。學生討論結束後，那位委員說：「我從來沒有看過這麼認眞學習的學生。」

PBL其實需要更多資源，因爲要做得好，需要更多醫生和教師參與。在台灣，大概台大「人多」，做得到吧？但一位朋友跟林院長說：「你們眞勇敢。」

學生到醫院實習，一位「雷公級」醫生外科巡房的時候，其他學校的醫學系六年級學生站得遠遠的，菲律賓的學生站中間。輔大的五年級學生站得最近，「敢問」和「敢被問」問題。

輔大第一屆醫學生升七年級時，夥同六年級和五年級學生，幾乎全部參加考試院舉辦的基礎醫學國家考試。輔大學生的通過率是全國十二所醫學院之冠。

林院長安慰地說：「我終於可以退休了。」

七、他是傳統教出來的

訪談中間，我心裡一直有個疑問，林院長是受傳統教育的，爲什麼他可以跳離傳統、敢於挑戰傳統、堅持理念？

我好奇問他，當年開始接觸ＰＢＬ的年紀。他說，大概五十六歲。

我想起台灣傳播學界大老徐佳士老師說過，接受開放的資訊，有開放和創意的頭腦，永保年輕和進步。

正印證：活到老，學到老。特別是醫學領域。林院長說：「現代醫學進展非常快，學校教育沒有時間、沒有辦法教所有的東西。」ＰＢＬ養成學生終生學習，才是不二法門。

不只醫學系教育如此，林院長主張，ＰＢＬ的教育模式放在不同的地方，二十四小時都可以學習。人只要有動機，就可以學得更多、更好。

八、從美國到台東

林院長的父親是內科醫生。林院長從台大醫學院醫科畢業後，父親告訴他，如果留在台灣，可以繼承診所；如果想作研究，就去美國。他對研究有興趣，所以選擇前往美國。

一九六八年春天，林院長因爲國建會回台灣兩週，遇到宋瑞樓教授。宋教授同年在台大醫學院剛成立臨床醫學研究所，培養博士班人才。問他能不能回來？那時候，林院長在多倫多大學享有終身聘，因而謝絕。

林院長回加拿大後，有一天，他想：「我在北美二十年，頂多能再工作二十年。教加拿大學生固然有興趣。但父母已老，台灣和台大的學生缺少老師，他們可能更需要我。」於是他束裝回國。

台大退休，他看到剛成立的輔大醫學院需要，不計較身分，到輔大幫忙。

有一回，他應台東縣衛生局的邀請，到台東演講，跟醫療人員講述衛生局指定的題目「胰島素」。講完後，有一位當地有名的開業醫師站起來說：「我們在台東沒有人用胰島素。你今天爲什麼講胰島素？」林院長發現城鄉落差很嚴重，於是選擇到台東看診。他問診細密，往往一個病人看一個多小時。他說，疾病背後，有家庭問題，有社會問題。

林院長主持下的台東聖母醫院，最近兩年連續獲得健保署發給糖尿病照護品質傑出獎。

九、他的簡歷

林瑞祥，在日本出生，小時候曾住北京和天津。台灣唸建國中學和台大醫學院。美國從事臨床研究，加拿大擔任教職。一九八五至一九八九年任台大醫學院教務主任。一九九一至一九九八年任台大臨床醫學研究所所長。現任台東聖母醫院院長、輔大醫學院名譽副院長、名譽教授、台大醫學院名譽教授。一九九〇年獲教育部發給大學暨獨立學院教學特優教師獎。一九九八年獲衛生署發給貳等衛生獎章。二〇〇八年獲中華民國醫師公會全國聯合會發給第一屆台灣醫療典範獎。

十、訪談結束

我與林院長的訪談，醫學院祕書本來安排最多二小時。訪談結束，是三小時。

三個小時，他除了歉意說得回覆一個簡訊，其他時間都很專心跟我談話。還教我怎麼結合醫療和媒體的「醫療媒體藝術」（arts applied to medicine）。他的記憶力驚人，令我嘆服。

祕書爲我們安排便當。林院長搖搖手說，他還有行程，要回台東。當天有四個醫生到台東，跟他學習糖尿病和胰島素治療。

我問他怎麼回台東？他說，坐捷運到台北，到松山機場搭飛機。

我很難想像，他八十二歲。

愛的播種

——護理系創辦恩人

陳惠姿

她不偏私、不堅持。她隨和不擺架子，勤勞節儉，樂善好施。她不為自己著想，處處關懷他人。她不爭取，只是給予。她真正是一位「為他人的人」。

一九八五年擔任台北耕莘醫院院長姚宗鑑蒙席，率領全台灣七所天主教醫院院長，聯名提出申請，希望輔大籌辦醫學院，培育台灣的醫界人才，發揚天主教濟世救人的精神，提高台灣醫師及護理人員的醫德。經羅光前校長授權，交由朱神父負責規畫，歷經百折千難，在朱神父鍥而不捨的努力之下，包括向羅馬教廷、中華民國外交部、衛生署、教育部的長期交涉，最後教育部特例核可先以護理及公共衛生學兩系設院；輔大醫學院終於成立並自一九九〇年起順利招生。熱情獻身於天主教會，一生盡守本分的耶穌會朱秉欣神父，是輔大醫學院草創時期的重要人物，朱神父出任輔大醫學院第一任院長，護理系也於焉成立。

朱院長擔任輔大教務長期間，一九八八年訪美期間在紐約，第一次遇見崔如銑修女。談到可否來台任教，修女表示：我正想換工作。一九九〇年輔大醫學院招生，崔修女放下在紐澤西州 Christus St. France Cabrini Hospital 院長一職，在其六十四歲時到輔大，擔任護理系的首屆系主任。崔修女爲中國河南省人，年輕時即加入伽勃利尼修女會（Cabrini Sisters），在大陸變色前隨修會到美國，在美國完成其護理學碩士以及宗教學碩士。

秉持天主教精神，崔如銑，「她爽朗的笑聲深植在大家心中」，帶領一群對護理教育充滿熱誠的教師們，致力於培育充滿人道關懷的醫護人員，首重 3C（Care, Concern & Compassion）精神的養成（照護、關懷與熱忱），期望將輔大護理系成爲培育「視病猶親之醫護人員的搖籃」。崔修女心胸寬大，心境開朗；她既謙虛友善，又和藹可親。她好學多問，做事負責認眞。她不偏私、不堅持。她隨和不擺架子，勤勞節儉，樂善好施。她不爲自己著想，處處關懷他人。她不爭取，只是給予。她眞正是一位「爲他人的人」。美國的友人送給她的美金，她都捐獻給系上作爲獎助學金。她留給護理系的一百多萬元就是「崔修女基金會」的主要來源。

崔修女擔任護理系主任之初，獲得兩位護理友人的鼎力支持，得以將護理系的課程順利開設；第一位是前榮民總醫院護理部主任王瑋女士，一九八六年她與崔修女相識於紐澤西，她除傾全力協助崔修女快速瞭解台灣護理教育脈絡、護理課程規畫，並慨允輔大護生在台北榮總進行護理實習，崔修女餘蔭嬝護學生持續至今。另一位是廖張京隸女士，曾在紐澤西州與崔修女在伽勃利尼擔任副院長多年，廖張女士一九八八年起擔任長庚護專校長多年，崔修女在規畫護理系課程之際同時獲得廖張校長的許多協助，更推薦當時任職於長庚大學護理系賴政秀老師到輔大護理系任教，成爲崔修女以外的第一位護理系專任教師。

創系之初，崔修女與賴政秀老師可稱絣手砥足，闢荊斬刺，起初尚無專屬教室，借用藝術學院地下室以及文德女舍一樓上課，第一年專業課程僅有護理導論及人類發展學，一般教室尚可用，第二年基本護理學（及實習），由保存之照片中，看到在一般教室以推車進行護理技術教學及練習，崔修女陪伴學生們共同學習，大伙兒聚精會神的場景令人感動。直到一九九二年宗卓章紀念大樓竣工，護理系終於有專屬的教室及護理實習病房，教學環境獲得大幅度的改善。賴老師三年後赴美進修博士學位，八十六年返回輔大擔任副教授，九十年曾任第三任護理系主任。目前轉任台北體育大學學務長，但仍擔任崔修女基金管理委員會委員，持續關懷崔修女在輔大護理系的遺愛。

輔大護理系創系即將進入第二十五年，在校學生人數約五百五十人，過去二十一屆畢業人數約爲二千五百人。緬懷前輩恩人的耕耘，護理系師生努力實踐崔修女留給大家的 3C 精神。多年來，畢業學長姊在護理領域逐漸嶄露具有人文關懷素養護理人之特質，輔大護理人更願意成爲未來輔大附設醫院的生力軍。願天主保守紀念輔大護理系的現在直到永遠。

參考資料

輔仁大學研發處（2011），設定目標勇往直前的長者：朱秉欣神父 http://www.rdo.fju.edu.tw/sect/100/11.pdf

朱秉欣（1999），一位不平凡的修女：悼念輔大護理系崔如銑主任

王瑋（2014），個人訪談

賴政秀（2014），個人訪談

廖張京隸（2014），個人訪談

第二部

希望的播種

十年所樹的輔大醫學人文

江漢聲

醫學人文教育要做的除了諄諄善誘，影響部分學生的良知之外，最要思考的是讓未來的醫生能有更活絡的內心空間，去創造他心目中的理想人生，進而有勇氣去改造台灣未來的醫療環境。

「什麼是醫學人文？」這眞是個大哉問，以我過去所知的答案中，以下列這個最爲中肯：

「凡不屬於醫學科學（包括臨床醫學和基礎醫學）或醫學社會學（諸如公衛、管理、經濟、保險、社工等等）的醫學相關學問就是醫學人文」。所以醫學人文領域涵蓋太廣了，它就是醫療人員人生素養的所有通識。要學醫，就要學醫學人文。

十二年前，我來到輔大擔任醫學院院長，主要給我負責的課程就是醫學系一、二年級的大學入門、醫學與人生、醫學史等主要的醫學人文課程，也兼上了一些醫學院其他系醫學人文相關的課，如醫學倫理、醫學法律、生死學、音樂治療等等。對於剛入學的醫學生，有一定程度的瞭解，也在教學中學到什麼，才是台灣社會醫學生普遍需要的人文素養教育。一般而言，大家對醫學生的人文教育有些錯誤的期盼，包括：

1. 要教到醫學生有豐富的人文知識，如文學、哲學、歷史等等；

2. 要教到醫學生有完美的倫理觀，超好的醫病關係；

3. 要教到醫學生能仿效醫界典範服務奉獻，淡泊名利；

事實上，絕大部分醫學生只是台灣社會用推甄或指考進來前百分之三的考場菁英，從小的家庭學校教育，以後耳濡目染的社會習性，要在兩年內改變成以上所期盼的良醫人文素養，成就率是非常低的。雖然每個班上會出現少數奇葩，但在現實社會中，台灣醫界出現五大皆空，滿街是醫美診所，甚至敗壞醫德的醫療行為時有所聞，都不足為奇。因為教育只是盡一份職業道義的責任，有什麼樣的社會，有什麼樣的醫療制度，就會造就出大部分是同一思考模式的醫生。醫學人文教育要做的除了諄諄善誘，影響部分學生的良知之外，最要思考的是讓未來的醫生能有更活絡的內心空間，去創造他心目中的理想人生，進而有勇氣去改造台灣未來的醫療環境。

所以我個人認爲醫學人文教育要把過度的期盼修正成：

1. 讓醫學生在醫學教育中有興趣去融入生死學、醫學文學、醫學史，讓醫學是活生生的現實劇，而不是再學些刻板的人文。

2. 讓醫學生把醫療糾紛在課堂上討論，讓他們多瞭解法律如何保護他們，健保制度如何因應，將來如何從各種職位去改善台灣的醫療環境。

3. 讓醫學生學會如何在未來現實生活的逆境中，保有對醫

學的熱情，做行有餘力的慈善服務，開拓多元的行業，

有從學生時培養的嗜好、維持快樂的社交和家庭生活。

以我教醫學史爲例，我一直想活化這被許多教歷史的人所枯燥的學問，我把它故事化、生活化，通古透今看未來，它應該是大家喜歡看的連續劇，爲什麼有人要斤斤計較枝微末節？它要讓每個學醫的人去思考醫學變遷中的無限可能，去想怎麼會有現在的醫療方式，在我們現有的醫療環境中學醫的人要如何承先啓後，要如何讓明天能更好！

有人說，要評量哪一位老師教學教得好，就要看在十年、二十年後，有多少學生還記得他上課的任何一部分，是對他有啓發的內容。早期我在台北醫學大學主授男性醫學，到現在還有很多學生仍然記得我一些寓教於樂的臨床病人的笑話，使

我感觸良深。在醫學史的課，我也講了許多稗官野史，名人名病的軼事，用意也在如此。其實更生動的教學應該是Hidden curriculum，我把它定義成運用於生活的非課堂課程，在任何醫學人文教育課程必須要有看展覽、欣賞影片後的互動，大師典範現身說法，學校特色的相關活動，讓醫學生印象深刻久遠。在我所開的大學入門、醫學與人生，都朝這方向在努力；而輔大使命特色的服務學習、敬天祭祖、大體老師公祭彌撒，也突顯輔大醫學院的醫學人文教育內涵。

我認爲，另外一種評量教育成果的方式，是以產出爲基礎（Outcome-based）的評量。對醫學教育而言，應該看醫學生成爲醫師後他們的種種表現。輔大醫學系曾做過簡單的問卷調查，顯示輔大畢業生在同儕評價中醫病關係、人際關係都不比其他醫學系畢業生差；更深入的調查追蹤，統計分析是必要的。我個人期盼看到的是輔大開創醫學系的前幾屆畢業生，能有使命感作爲學弟妹的楷模；目前已證明他們在專業證照通過率，多元專業醫師的訓練養成上表現優異，更樂於見到的是他們多是醫德良好、病人愛戴的好醫生；不僅執業安順、人生圓滿，而且參與社會公益，爲使台灣醫療環境能更好，而注入一股清流。

「十年樹木，百年樹人」，十年要在輔大樹人眞是談何容易！也許這十年來爲輔大醫學院所做的醫學人文教育，只是爲了台灣天主教醫學人才培育的百年基業紮根而已。而對我而言，這十年，也從輔大醫學院種出這株的人文之樹上學到：對台灣社會而言，什麼才是「醫學人文」！

音樂，是一種抗憂鬱劑

施以諾

如果一個人可以懂得用音樂來疏導自己在生活中的情緒、壓力，也許他以後就不會得憂鬱症了。這麼做對他的意義，絕對比等他發病後再為他做十次的治療都有意義。

在輔仁大學醫學院職能治療學系開授「音樂治療」的選修課已經有多年的時間了，與其說這是一門談醫療的課，不如說這是一門談人文的課，因爲當我們用音樂治療介入一個「病人」時，眞正重點不在他的「病」，而在於他的「人」。當音樂可以契合、觸動一個人的心時，就可以衍生出許多心情改善、降低焦慮甚至止痛的果效。

「音樂治療」這門選修課積極培養醫學院學生們的人文素養，當然也在這個基礎上談到音樂跟健康之間的關係。而談到音樂治療與「健康」，我們可以好好的看「健康」（HEALTH）這個單字的六個字母，把這六個字母各加以延伸出一個單字，恰可說明運用音樂治療於人們身、心「健康」（HEALTH）上所需有的六種態度與認知。

H—Hope（盼望）：您所用的音樂活動必須是有盼望的音樂活動，您的音樂治療必須讓病人覺得活著是有盼望的，必須讓病人有更投入療程的意願與動機，讓病人覺得活得有意義。

E—Empathy（同理心）：您必須對病人有同理心，不是選擇醫者自己喜歡或自己認爲好的音樂，而是應該依病人的背景、文化、當下心境等，選擇適合他的音樂。舉例來說：對老人家而言，鄧麗君的歌可能遠比蔡依玲的歌更能引起共鳴，因爲那較符合他的文化、年齡、背景。

A—Activity（活動）：音樂治療不一定是純聽音樂，也可以是唱歌、樂器敲擊活動等。

L—Learning（學習）：許多病人會有生活機能喪失的情況，我們可以用音樂來作復健，針對病人所缺失的機能來慎選音樂活動，讓他們能從音樂活動中達到「再學習」的復健目的。

T——Tolerant（容忍力）：音樂可以降低一些病人在病程中的疼痛，增加他們對病程的忍受度。許多研究都發現音樂可降低術後止痛劑的使用，或是改善慢性病人的疼痛狀況；除此之外，音樂也可以舒緩、疏導一般人或病人的情緒、壓力，進而提高他們對生活壓力事件的忍受度。許多人把音樂治療定位成一種「下游醫學」，意即一切療程都做過之後，最後才考慮用音樂治療的方式來錦上添花。我不否認這種觀念，但我也覺得，音樂治療除了可以是一種「下游醫學」，也可以是一種「預防醫學」。想一想，如果一個人可以懂得用音樂來疏導自己在生活中的情緒、壓力，也許他以後就不會得憂鬱症了。這麼做對他的意義，絕對比等他發病後再為他做十次的治療都有意義。

H—Happy（快樂）：如果您的音樂治療不能達到改善病情的效果，您至少要能帶給病人快樂，讓病人在冰冷的醫療環境中享有更好、更溫馨的醫療品質。

過去幾年來，我在自己所專任教職的輔仁大學醫學院職能治療學系開授了音樂治療的選修課，探討音樂在臨床止痛、情緒舒緩、行爲科學……等方面的應用；而往往來修課學生事後所給予的回饋，都常令我有許多難以言喻的驚喜與感動。第一年開課時，當時的醫學院江漢聲院長給予本門課諸多的鼓勵與肯定，奠定了這門課的基礎；之後的鄒國英院長對醫學人文亦極爲重視，更讓這類的課程在輔大醫學院得以繼續發展。

音樂，在健康促進上可以扮演著一種無形抗憂鬱劑的角色，讓病人的心得著慰藉。然而，目前台灣醫療法規中尚未有

「音樂治療」這個詞彙，亦無此項健保給付；而台灣各醫療法規中，最雷同於音樂治療這個詞彙的法源依據，在字面上應是〈職能治療師法〉第十二條中所提到的「娛樂治療」這項法條，亦即利用音樂、藝術、休閒……等元素來治療病人。過去十幾年來，健保體制內的這項法條嘉惠了無數國人，特別是在精神科領域。期待未來會有更多病人因著音樂而得著安慰。

醫學與人生

葉炳強

每個人自己要如何面對人生的「生、老、病、死」中的「甜、酸、苦、辣」，是人生的最大功課。

前言

爲培養低年級醫學生對人生的敏感度及觀察力，並學習溝通，以建構日後健康的醫療生涯，加強同理心及關懷行善的能力，並引導醫學系學生開始對專業素養的認識，成爲良醫前必須要成爲一個對別人悲痛敏感的人（Sensitive to human sorrow and sufferings）。因此，將人生的開始到終結以「生、老、病、死」（人生四季）四個階段來區分，而每個階段也以「甜、酸、苦、辣」（人生四味）來作其內涵的形容。

每個人自己要如何面對人生的「生、老、病、死」中的「甜、酸、苦、辣」，是人生的最大功課。但身爲醫者的我們該如何陪伴、如何協助及如何介入，將會是我們習醫過程中最重要的功課。因爲理想的醫學功能包括維護生命、促進健康、預防疾病、治療疾病、減輕痛苦與陪伴死亡，理想的醫學應該參與人生的每個階段。因此一年級的「醫學與人生」就是以此理念來作爲課程主軸。在課程設計上，以「實際體驗」、「聆聽觀察」、「反思記錄」三部分作安排及執行。

實際體驗活動

課程設計了六個活動來貫穿他人與醫者自身的人生「四季」及「四味」。

一、「生」：生的喜悅——與孕婦訪談

聆聽懷孕婦女的甜酸苦辣，至本系三家主要教學醫院由婦產科醫師邀請門診願意參與此訪談者，訪談時間約十五到廿五分鐘，視話題及身體況狀可作調整。探索孕婦將要生產的心情與適應，未來生產後家庭及生活安排，開始學習溝通技巧。

學生扮演訪員的角色，開放式對談，以聆聽爲主，不涉及醫療專業，也不提供任何建議或判斷，如有任何不適合的情況可立刻中止訪談。

二、「病」：病苦的心聲——樂生療養院院民訪談

成立於一九二九年的樂生療養院是台灣第一間痲瘋病院，爲慢性傳染病、癩病防治的專門機構。醫療發展史上，「痲瘋」或「癩」病被認爲是無藥可治、且有高傳染性，以前是採行「強制收容，絕對隔離」政策。當時政府強制病患遷住樂生，幾乎註定老死其內。現在院民約兩百人，平均年齡爲七十至八十歲，課程安排除了此對醫療史具重要價值的療養院作參訪外，更安排另一次與院友訪談，實際聆聽院友的心聲。

三、「老」：老年的光輝——榮休師長志工及神長對談

探索高齡長者退休後的心情與生活適應，面對「老」、「病」的調適，對象是輔大退休員工及神學院頤福園神職人員。開始學習溝通技巧，學生扮演訪員的角色，儘可能以開放式問題對談，以聆聽爲主，學生不提供任何意見，除了適當的同理心或分享自己家裡長輩的狀況。

四、「死」：大體老師敬禮——大體老師包紮、穿衣、入殮及公祭

配合四年級大體解剖學，實驗結束後「大體老師」的最後

階段，包紮、穿衣、入殮及公祭等活動，藉由參與送大體老師的最後一程，讓學生在短短幾天內知悉人生終點站的儀式，對「死亡」有另一個角度的觀察。

五、偏遠醫療奉獻初體驗

台灣整體社會及環境的快速變遷，使得教會醫療院所面臨的挑戰，但也發展出她們的醫療特色來回應以服務、奉獻為主的醫學原有功能。

課程規畫讓學生分別前往六家教會醫院（宜蘭羅東聖母醫院、新竹湖口仁慈醫院、高雄市聖功醫院、嘉義聖馬爾定醫院、雲林虎尾若瑟醫院以及台東聖母醫院），讓學生實地瞭解這六家醫院在醫療服務過程中經常面臨高齡、偏遠以及資源不足等問題，除了醫療服務的層面，另外還涉及語言溝通、經濟生活、照顧支持、交通不便、隔代教育等。

在社區健康照護工作上的重點，並且依據不同的地域性，各個醫院更發展出獨特的醫療服務內容。並且藉由教會醫院參訪活動，希望學生能體會生老病死對人生的影響，能更貼近當事人地去瞭解人在這四種狀態中的生命歷練，個體的特徵與生活條件會如何影響著個體的生命，如何隨著時間的進展而起變化。本體驗是以兩天一夜的營隊小組活動爲設計。

六、輔大學長（姐）的行醫之路

藉由直接與輔大醫學系畢業學長姐的面談對話，以貼近輔大醫學生學習的需要及提早接觸臨床情境，並瞭解習醫及行醫過程中的「酸、甜、苦、辣」，行醫工作的內容、行醫過程中對人生深刻的體驗。以小組方式直接到學長、姐工作的醫療場所對話，以增加臨床感。

聆聽觀察的入門

一、溝通技巧的入門介紹

作爲學生在上述六個活動中，在訪談與對話中所需要的聆聽及觀察技巧，如與孕婦、長者訪談時，談話應該注意的聆聽及回話技巧，授課老師會作入門介紹及安排同學作互相演練。這部分的介紹，也作爲二年級溝通技巧課程的垂直整合。

二、學長、姐回校分享

學期中會邀請一位畢業學長（或學姐）回校對學弟、妹作完整分享，他們的習醫及行醫之路，這樣學生較能掌握到校外與學長、姐訪談時的一致輪廓。

三、典範分享

透過有代表性的醫師前輩直接到校對話分享，或眞人眞事改編的電影分享，甚至傳記經典閱讀，讓學生有機會深入認識醫界前輩的典範故事。畢竟典範學習（Role-modeling）在專業養成，是很重要的一環。

反思記錄的訓練

體驗觀察、反思記錄及敘事描述，是目前在醫學人文教育中非常著重的訓練，課程中邀請有上述經驗的醫師或相關老師，向學生們分享反思記錄寫作的心得。在整個課程後希望學生能以敘事及反思方式寫兩份報告。

學生反思及回響

這裡將以 Med 101 班李英誠同學在參加新竹仁慈醫院活動後，給該院負責醫師的一封感謝信作爲代表。

Dear 劉益宏醫師：

首先，還是，感謝您為此活動的付出，我們都知道大部分的活動能夠順利完成，幾乎都歸功於您頻繁的聯絡及用心的安排。身為組長的我似乎幫不上忙，所以才更懂得認真參與每一個能夠體驗的活動。同學們在回程時的區間車上還不斷討論著葉神父、由根山莊的朋友們、第一次看見導尿管的組裝、及失智症的老人們等震撼的經驗，似乎與院長、執行長的小小討論會仍在火車上熱烈地進行著，我相信，每位同學在各自回家後都有不同的感想，或著說，對學醫這項行業有更深的體悟。

人在世上總不免要面臨生之喜悅、老之凋零、病之痛苦、死之恐懼；而在所有的行業中，唯有醫生這份職業參與了四項人生的大事，由此可見醫學生的養成、醫療教育的傳承、醫學技術的創新等是多麼重要的事情。主任安排了〈醫學與人生〉這門課程，讓才大一的學生體驗，讓我深深瞭解到「醫學系」不只是一個招牌，也不代表此地聚集著一群分數高的天才，更不是整日埋首於書海中的怪咖。所謂的醫生，應該是具備有天主愛的精神，那是一種無法用筆墨形容的儒醫胸懷，視眼前病人的痛苦為己任，並且盡最大的努力去醫治他。無論情況是好是壞，身為未來醫生的我們都要作出最正確的選擇，這或許是上天賦予醫生最神聖的職責，有權決定生死。

在與會的過程中，我提出了針對院長的答覆，問了一個有點蠢又深奧的問題：「如何在第一千次裝導尿管，還能保有第一次時的心情？」結果回程途中被同學們小小念了一下，抱怨我問了一個沒有答案的問題，害有些主任給的PPT上的功課問題都沒時間問了。不過我本身是對這個問題非常感興趣，因為知道不同的醫生如何堅持態度，是非常有意思的一件事。不管是執行長或居護師的回答，都帶給我很大的啓發。譬如說把志趣當信念，當你發覺你已經越來越厭煩（我想是每個住院醫師都會萌生念頭動搖的時候吧），就要考慮你的心還在不在，你的信念還在不在。也有一位居護師回答，把自己當成躺在病床上的病人，想想你希望別人怎麼對待你，那你就怎麼對待他。很多簡單的觀念，值得我們去貫徹。

醫學系最常被問到的兩個問題就是：「你以後要選哪個科系？」及「你為什麼要選醫學系？」針對後者，我相信參與此次體驗活動後的同學們會更有想法。如果是我來回答的話，可能三天三夜也講不完，濃縮成幾句話的話可以概括為：醫療是為了傳愛，而醫學最美的地方在於，能夠看到病人及家屬鬆了一口氣的表情。以上是我個人小小的心得分享。

再次謝謝劉主任。

輔醫 一年級（Med101） 李英誠 敬上

結語

任何課程的安排並非一開始便可掌握「教」與「學」的核心與引起動機。在這個資訊飛快進步的環境，人文課程的設計是有一定的難度；嚴峻的習醫及行醫社會中，激發學生習醫的熱情更是考驗，如何使醫學系的學生有一個良好、有趣及有收穫的醫學入門課程設計，是一項大挑戰。本文所描述的設計理念是筆者接手第三年的心得，願與同學及本校及他校其他老師分享。也期待醫學系的醫學人文及專業養成教育有更好的未來。

（致謝：本課程得到輔仁大學使命基金經費上的資助；三間輔仁大學主要教學醫院（耕莘、新光及國泰醫院）；六所天主教教會醫院（羅東聖母醫院、湖口仁慈醫院、高雄聖功醫院、嘉義聖馬爾定醫院、虎尾若瑟醫院以及台東聖母醫院）及樂生療養院的全力支援，使相關體驗學習能順利推動；輔大醫學系學長、姐的熱情參與分享，使學弟、妹的學習不致惶恐不安；Med101 班李英誠同學同意使用他的信函；筆者及主開課老師代表輔仁大學醫學系在此致上十二萬分的謝意。）

初遇生命淬鍊的一門課

——生死學

劉淑娟

「生死學」的目的在使學生建立正向的生命態度，影響學生能活出自己生命的意義與價值。

每個孩子呱呱落地時，父母都希望他們一生能「幸福」、「美滿」，然而何謂幸福？何謂美滿？恐怕每一個人或人生不同階段的定義都是不同的。從小我們也被教導人生要規畫、要立志，大部分的父母及師長也不斷的透過生涯輔導等許多機會導引著孩子選擇正確的道路，然而人生卻非百分之百能依照規畫，能自我掌控。因此，我們常說「人生不如意十之八九」、「人有旦夕禍福」。

每個人出生就擁有許多的資產，包括健康的身心、父母及社會的關愛等，但這一切我們能享有多少？能因此施展多少生命的光與熱？其實變數很大。同樣的，每個人出生也有不同的不足或軟弱，有人嫌財富資源貧乏，有人嫌生的不夠俊俏，有人有肢體心靈的殘缺、然而走出生命多彩價值的也大有人在。

因此，「生死學」這門課要教學生甚麼呢？告訴學生生命多麼美好、多麼有價值嗎？告訴學生怎麼樣過日子？怎麼樣規畫生涯嗎？怎麼樣可以生涯成功？怎麼樣在有生之年更有成就嗎？還是告訴學生，人生不如意是常態？如何因應生命的變奏呢？似乎都不很有可能。

基督徒深信「一切都是上帝最好的安排」。當我們擁有這個信念，那麼所有的殘缺、不足、驟變、意外……，都是上帝巧妙的安排。生命中一切的際遇都變成恩典，我們不再恐懼；也能透過這些際遇，使生命散發出更多意想不到的色彩與光芒，每個生命也就都值得我們去歌詠了。

最近「口足畫家——楊恩典」、「鋼鐵醫師——許超彥」、「沒有四肢的力克（Nick）」、「無臂鋼琴家——劉偉」等等，激勵了許多人。事實上，這些見證在你我的身上也屢見不鮮。因此，「生死學」的目的在使學生建立正向的生命態度，影響學生能活出自己生命的意義與價值。

課程設計

科學強調理論基礎，也重視實際操作與驗證，然而，生命的淬煉卻未必有甚麼科學根據，一個人的理念信仰也不是說甚麼大道理可以改變的，唯有靠自己去經歷、去體驗、去見證，才能深信與享有。因此，透過教學活動，讓學生去實際察覺、反思、感受與體驗生命，成爲課程設計的主軸精神。

1. 透過音樂家、藝術家、宗教家、哲學家等的課堂引領，讓學生從音樂、畫作、文稿、儀式等，去體驗及感受生命的藝術與美好。

2.觀看影片、傳記等，從中去領略及同感他人生命的歷程，也同時反思自己對生命的醒悟與抉擇。

3.透過參訪，察覺生命在苦澀、無奈與混沌中的掙扎，與當下周遭能散發出的正向能量與影響。分享與反思預見未來生命在負向與正向、脆弱與堅強拉扯中，自我的承受與擔當。

4.透過同儕的團體交會、活動與討論，體驗及數算自己生命的恩典，反觀自己生命的力與美，遇見自己生命的意義與價值，宣告、交託與預立自己未來的生命。

5.透過扮演角色及討論，思考與沉澱生命意義價值交會的困境及問題，預想面對困窘的對策與資源，強化邁向錯綜複雜人生淬煉的信心勇氣，正向的鋪成美好人生。

課程成效

在科學世界中，如何能放下數據的緊箍咒，看到人文藝術與生命尊重的多彩畫布，也許是此課程最寶貴的成效。學生們很少經驗沒有考試、沒有繁複演講、沒有嚴謹要求的學習課程；在這個課程，看到同儕間的緊密深切分享，碰觸每個人內心深處的激盪，回饋生命本質的喜樂。

學生說：「這是特別的一門課，第一次接觸的一門課，非常豐富充實的安排。正向面對生死，結識許多他系朋友及學長姐。」「雖用了假日上課，卻一點不覺得累，我們共同體會與成長，很開心，很棒，收穫非常非常多。」「透過分享、感受，感觸好多好多，我們多麼幸運能修到這門課。」「沒有想過生死，對生命有許多不一樣的看法了，不忌諱、也不害怕談死了。」「醫療人員一定要修這門課。」

莉雯說：「三年前阿公過世，我一直恐懼又害怕。而今我有許多不同解讀，重新深切思考，給自己答案，激發我對生命過程更多的探討。」

凱翔說：「一直以來，我以爲自己活在一個不健全的家庭，父母是我生活中的陰影。而今，我成爲他們的調色盤，我知道怎麼樣快樂自在的生活，其實一切都不像我想的糟糕。」

結語

醫事人員的工作面對的是人，當我們的高度不及我們的服務對象，我們如何能成爲他的支柱、他的陪伴？或許多時候病患覺得與醫事人員對話索然無味，甚至有許多誤解差錯，因爲我們一點也不懂他們。然而，許多時候我們連自己都不懂，我們眞的完全沒有經驗或歷練過，如何能懂？因此，透過察覺、感受、反思、體驗，學習懂自己、懂生命、懂生活，對醫事人員是非常重要的。

不只是醫事人員，一般人生活中也是一樣的，尤其是對我們關愛的人。沒有歷練經歷的事，沒有察覺體會的事，連自己都不懂、不解的事，如何能暢所不言，如何能順暢的溝通分享，如何能深切彼此溶滲？透過察覺、感受、反思、體驗，學習懂自己、懂生命、懂生活，就更重要了。對學生如此，對你我也都是一樣的。

然而，如何能適切的規畫課程？教學過程中，如何能拿捏其分？其實是很大的挑戰與考驗。很慶幸自己有這樣的教學機會與體驗，不過我也看到自己的不足。我雖有限，但唯有不斷努力、不斷精進、不斷學習及磨合，才能做的更好。而重要的是我喜歡、我願意、我會努力的。

由衷的謝謝與我分享生命故事的許多學生。

以人為本

——培養自己的軟實力

陳美琴口述
葉政勳撰文

其實人本心理學還有很重要的一塊，是為弱勢服務。人本心理學希望能在需要的人身上，看到自己的責任。

人本心理學這堂課由臨床心理系陳美琴老師教授。在這堂課裡，老師傳授相關的知識，以及讓學生進入社會的氛圍裡，去觀察學校、社會、企業的人本精神或尚須改進的地方，藉此讓學生對於人本心理學的概念有更深的體會。

何謂人本心理學

陳美琴老師說，人本心理學是心理學的第三勢力。它不像傳統的心理學，比較以病態的角度來看世界。人本心理學強調預防勝於治療，不只是針對個人，更是強調整體，乃至於國家、社會、家庭，更廣泛的從正面的角度去看待人。

此外，人本心理學除了是以積極、健康正向的心理學外，它強調同理、尊重、創意、自由與責任，希望人能夠探索自我的生命潛能與自我實現，並建構生命意義，期待能夠協助他人邁向更具人文精神的健康人生。

透過觀察更加瞭解人本精神

陳美琴老師表示，人本心理學這堂課的上課方式十分多元。除了一般大家所認知的在教室裡學習外，也有在教室外的學習。課程一開始，會先透過老師向同學傳授有關於人本心理學的基本知識。然後，老師會讓學生分組討論，他們對於社會、學校，甚至企業內有興趣的議題去觀察。像這學期就有同學向老師詢問，他們想要去觀察這一次服貿議題，老師也十分鼓勵他們去做。

此外，以往也有同學進入企業界去觀察，並發現這家企業有哪些地方是比較人本、開明的，有哪些地方是需要改進的。像是同學就曾經觀察到某家企業的管理是十分開明的，公司裡的所有人都可以去參與會議，而不是只有少數人的聲音可以被聽見。像這類的觀察都會牢牢的記在學生的心裡，讓他們學習到周遭生活的一些小事情其實不是沒有發生，而是我們沒有去體會、觀察而已。

學習人本精神，培養軟實力

陳美琴老師覺得，台灣社會太過於著重、強調高科技產業等，人文的關懷還有努力的空間。人本精神、人文關懷是一個社會的潤滑劑，也是很重要的軟實力。也因此，她十分強調在學習人本心理學這堂課的學生，每個人都應該好好學習培養自己的軟實力。

此外，陳老師在這堂課還想教學生，學習以更正向的態度去建構自己生命的意義，努力尋找自我實現的可能性。

拋去病態，以正向的角度看待人

過去我們常常只從病態的角度來看待人，而忽略掉了正向的力量。也因此，在這門課的一開始，陳美琴老師就會先播電影《美麗人生》。這部片是在講述二戰期間，德國實施納粹集中營的故事。從故事中學生可以看到，因爲希特勒一個人的錯誤想法，導致整個德國社會變得如此病態。而劇中的主角因爲具有正向的態度和想度，而救了太太和兒子免受集中營的創傷。所以一個人的想法也可能讓整個社會走向一個更健康、健全的方向。

心理學家的社會責任便在於此了。他們的責任不只是進行一對一的治療，更期盼能夠透過在社會、家庭、教育、企業，甚至是整個國家，更具人本精神。

發揮 1+1>2

在人本心理學的範疇裡，有一個大家不陌生的偉大心理學家，被後人尊稱為人本主義心理學之父的亞伯拉罕．馬斯洛（Abraham Maslow）。他以人本心理學的基礎來延伸，出版了一本名為《馬斯洛人性管理經典》。書中馬斯洛利用人本心理學的知識來告訴管理者，要如何管理員工才能達到「1+1>2」的功效，並稱之為「綜效（synergy）」。

馬斯洛認為綜效（Synergy）是一種良性循環或正向的回饋。在團隊中，你的影響力或貢獻力越多，你不只成就別人，也毫無損失的越加成就自己，讓個人或他人都能從中得利。慷慨能增加而非減少生命的富裕。馬斯洛強調以相互信賴、相互肯定的團隊精神，讓大家都能達到自我實現的目標，也就是創建「1+1>2」的效果。

馬斯洛所強調的是，隨著生活的富裕，物質的重要性會逐漸降低，取而代之的是更高層次的自我實現和成就感。以企業爲例，在現代的社會裡，一家成功的公司都是以「更高層次的需求」來吸引人才，強調友善的工作夥伴、怡人的工作環境、強調創意、自由和民主。

除此之外，公司裡掌握決策大權的管理階層也扮演著十分關鍵的角色。一個好的領導者能夠體察員工的能力、想法，爲他們多想一點，多一點人本精神，讓員工的潛能開發，進而自我實現，替他們完成個人的自我實現。這樣一來，不僅僅是公司得利、員工得利，甚至是公司的客戶也因爲公司的高效率而得利。這就是馬斯洛所說的1+1>2的綜效。

實踐人本關懷，學習正向思考

陳美琴老師說，其實人本心理學還有很重要的一塊是爲弱勢服務。人本心理學希望能在需要的人身上看到自己的責任，因此這堂課安排去各種機構服務。令老師最深刻的是，去台北監獄爲患有愛滋病的受刑人服務。這些患有愛滋病的受刑人因爲愛滋病可能具有傳染性，因此與其他的病患隔離。也因此，他們的情緒要較其他受刑人還要來得低落。參與服務的同學中，有一位學生情緒一直很低落，但就在她參與爲愛滋受刑人服務過程中豁然領悟，她對老師說：「老師，從此以後我都要好好的活下去。因爲他們都那麼努力的活著了，我憑甚麼放棄我自己?」「一點眞心的關心、無私的關懷，生命將有無限的可能與感動。」「與其說我們是去帶給他們希望，不如說是他們啓發了我們一種尊重與珍惜生命的可貴精神。」學生種種的反思於回饋，眞的是在參於服務的過程中，最眞實也最美好的收穫。

使命感

在經過一個小時左右的訪談後，我問老師爲甚麼會想開這門課?她只淡淡的回了我，她覺得這是她的使命感。

其實，這門課在臨床心理學系剛創立時還沒有，是後來發現畢業的學生在進入社會後，發現除了知識，還需要人本精神的實踐能力。也因此，系上的老師才決定開這門課，希望同學在出社會後，能更具有傾聽的能力，能夠更有同理心，發揮人本精神。

電影與生命經驗的交會

——3C精神的體會

張嘉娟、劉莉妮、闕可欣口述
葉政勳撰文

不只是只有專業的照護，還有家人與社會，都需要同理心與溫暖的關懷。畢竟你在照顧的不是一件物品，而是一群有血有肉的人。

文學、電影與護理這門課，目前是由張嘉娟老師、劉莉妮老師與闕可欣老師所共同授課。這門課主要是透過欣賞文學、繪本與電影的方式，讓學生對於護理系強調的中心思想——3C精神（照顧Care、關懷Concern、熱忱Compassion），能夠不只是瞭解概念，更能夠在日常生活中眞正的體會、感受。

透過電影情節，聯結生命經驗

闕可欣老師表示，這門課其實是爲低年級的同學去開設的。因爲低年級的同學剛進護理系，對於護理系所謂的3C精神其實還沒辦法眞正瞭解。也因此，老師決定透過電影與文學裡的一些情節，讓同學透過影像的思考，能夠對於3C精神有更深刻的感觸或啓發。

張嘉娟老師也特別提到，她們所選擇的一些電影的情節，其實大部分還是會與 3C 精神連結。以關懷爲例，電影中所出現的情節不一定都會是醫療上面的互動，也有可能會是與家人之間、與朋友之間的互動，因爲關懷並不一定都是出現在醫病關係上，在平常的人際關係上也常常會出現。

另外，在課堂上也不僅僅是討論電影情節而已，更會讓同學從情節中去與自己的生命經驗連結，使討論的廣度更爲廣泛。

課堂小組討論。個人反思報告

劉莉妮老師表示，這堂課進行的方式主要會是以第一堂課先欣賞電影，第二堂小組討論。而小組討論的形式會是老師在看電影以前，以不影響同學看電影的前提，先給他們一個大綱，告訴他們有哪一些情節會是需要特別注意的，最後在小組討論的時候再根據那個大綱，提出一些主題讓小組討論。

小組在討論完後，會依序跟大家分享，讓同學彼此間能夠聽到不一樣的一些想法，進而產生不一樣的思考方式。而在課堂上的討論完後，每個同學在心中或多或少都會有些改變，也因此，老師會要求同學在回去後，將自己在課堂上的討論做成反思報告，藉此讓同學重新思考電影中的情節，帶給了自己甚麼。

張嘉娟老師表示，除了小組討論以及反思報告外，課程在進行到一個段落後，會安排機會讓同學發表、推薦自己覺得有意義的書或影片與大家分享。藉此打開同學們的觸角，吸引他們去閱讀、觀看更多不同類型的書籍及電影。

從醫病關係談到生命歷程

護理系所強調的 3C 精神，是多元而廣泛的。也因此，每一個任課老師對於想要傳授給學生的內容有所不同。

張嘉娟老師表示，她的上課內容是比較著重關懷和護病關係的探討。藉由《心靈點滴》和《攻其不備》這兩部片，引導同學透過影片中角色的轉換，思考如果未來他們成爲了護理人員或是日常生活中該如何去應對類似的情節。

而闕可欣老師則是比較聚焦在「從病人的角度來看事情」。她所挑的兩部片分別是《美麗境界》和《馬拉松小子》。這兩部片所講述的分別是兩個不同的病患的世界，老師希望同學能嘗試著以病人的角度去理解他們的世界。因爲大部分高年級的同學越到後來，會越從護理人員的角度去看病患需要的是什麼，而忽略了在護病關係上面，不只是只有專業的照護，還有家人與社會，都需要同理心與溫暖的關懷。畢竟你在照顧的不是一件物品，而是一群有血有肉的人。

劉莉妮老師則比較是從癌症病患的診斷、治療、末期到最終死亡的心路歷程，去讓同學反思自我對生命意義的看法，以及如何尊重、關懷自己及他人的生命。她所挑的三部片分別是《生命最後一個月的花嫁》、《活個痛快》和《寫給上帝的信》。

反思自我，打開觸角

課程透過最後的一個反思報告，讓同學能夠眞正打開自己的觸角。像低年級的同學可以瞭解，原來在人與人的互動當中，只是一個小動作，也可以讓對方有完全不一樣的感受。而高年級的同學因爲具備實習經驗，所以更可以把反思與醫院的場域緊密的連結。透過反思報告，能夠讓同學眞正具體的體驗甚麼是３C精神，而不會只是流於喊喊口號。

心情點滴

闕可欣老師表示，上這堂課她覺得同學們其實都很有同理、溫暖與關懷人的潛力，只是不知道怎麼樣表達自己內心想法及透過與他人交流溝通。透過欣賞影片和討論，讓同學有一個方式說出自己內心深處的想法，並傾聽他人想法，進而達到交流，讓同學對周遭的人、事、物更有同理心、更有感觸。

劉莉妮老師認爲，透過欣賞電影、文學作品的方式，讓同學對於３C精神眞的做到融會貫通，而不會像是一般的教學方式，好像同學與教學的內容總有一個隔閡存在，沒辦法眞正的將那些知識與日常生活有所結合。另外，她認爲這堂課是一個很好的開始，讓同學能夠對於 3C 精神有不一樣的啓發，畢竟我們照顧的是一個人，不是一個疾病。看事情能不只是從病的角度去看，而是回歸到以人爲本的角度出發。

張嘉娟老師表示，影像學習能夠讓同學對於醫病關係有更深刻的體認。畢竟在醫療情境裡頭，有很多時候不是像是非題一樣，不是對就是錯。有時候情境會落在中間地區，是有一個模糊地帶。透過影片中的一些情節引導同學思考，如果這個情節換作是自己，他會怎麼做。像這樣的練習，是課堂上單純使用文字的教學很難傳達給學生的。

張嘉娟老師希望同學上完這堂課後，可以回歸到一件事，那就是可以好好想想這堂課帶給他們的一些想法，反思當自己將來進入成爲護理師時，到底需要具備甚麼樣的能力和特質，才能稱職成爲一名好的護理師。

學生上課心得或課程回饋

三位教師分享了同學們的教學評量回饋內容，讓大家一窺同學們的學習成果：

「我只想說，選到老師的課是學生們的福氣，也讓我們看了很多具啓發性的影片，期許將來自己能做到把握當下、改善、尊重生命，勿等失去了，才後悔莫及。也盼如願幫助許多人，更感謝此課帶給我那麼多的激勵與收穫，我也會推薦學弟妹們踴躍選修這門好課程。」

「小組的討論可以看到很多別人不同的想法，我覺得很不錯，邊看電影邊學習也是一種不錯的學習方式，以前看電影純脆只是看劇情、特效；上課看的電影可以看到很多不同的面貌，還有很引人的反思。」

「感謝雖然每部片只是幾分鐘的播放，卻都是那麼的鼓舞、振奮人心，讓我倍感生命之可貴。而病人最需要的不是安慰，是陪伴，面臨生離死別更要微笑以對。也期許能達成朋友送我生日賀卡裡寫的這些勉勵：「希望在輔大，對你而言是個成長的時光。透過你的學習與生活經驗，來發現生命的真正意義。但願那時候，你能找到勇氣並許下真正的承諾。」如願幫助許多人，使我的生命更精采、有意義，希望每個人要對昨天感到快樂，對明天深具信心，以悲天憫人的情懷看待周遭的一切事物。那麼人們將彼此互助關懷，人性良善真摯的一面，亦將充滿整個世界。」

醫學倫理學的思考架構

鄭國英口述
楊雅勻撰文

由理論進入到實踐、達到思想行為的改變，這不是一蹴可幾的，過程是漫長的。

隨著知識技術之進步、環境之改變、社會大眾之期待及專業團體之揭示，要求一位醫師不僅要有足夠且能活用的知識、良好的臨床技能，更期待醫師有好的溝通能力及符合倫理的行爲與同理心。雖然在健康專業領域，近年對倫理教學的重要性已達共識，但對倫理教學的目的、方法及成效尚沒有很好的共識。不少人心中的疑惑——倫理能用教的嗎？

倫理課程之開設時機

輔仁大學醫學系相當重視學生倫理方面的培育，除了原先學校設置的人生哲學課程之外，還開設兩階段的倫理課，分別是大二的生命倫理學，以及大六的醫學倫理學。

「醫學系創系的時候，就覺得倫理的培育對醫學系的學生應該是很重要的。」鄒國英院長笑著說，當初學校還開了好多次會，認爲生命倫理學不可以開在人生哲學課程之前。她就跟學校解釋說，醫學系的專業倫理是在高年級開，而生命倫理學是讓學生先知道一般的倫理判斷有哪幾種學說、原則、個案分析法等，從他們在二年級所會接觸到的生活面，去做倫理事務敏感度和思維判斷的培育。有些臨床經驗的時候，才開設專業倫理課，這符合學校「專業倫理應開設在人生哲學課程之後」的原則。

「因爲在年齡太輕、尚沒有在醫院學習的經驗的時候就學與專業相關的醫學倫理，可能沒什麼感受。」鄒院長表示。

剛開始將醫學倫理學課程設置大四，後來發現四年級還沒有臨床經驗，然而醫學倫理學是用臨床實例來探討，進而運用到倫理原則。於是，後來決定改在大五實習的隔年，也就是六年級來開設。

實習經驗成為個人報告

醫學系的學生到臨床實習的時候都會有一本手冊，記錄他們看過的病例，老師可以藉此檢閱學生是否有學到應學到的疾病或技能。「那時我們就覺得倫理很重要，就要學生去記錄他在臨床學習的時候所遇到的三個與倫理相關的事件。」瞭解學生的鄒院長，擔心若是沒有人去檢視或是與學生討論這三個倫理事件，學生會隨意記錄，於是就在課程一開始請學生寫一份個人的倫理作業。

這份倫理作業，鄒院長給予學生一個關鍵事件表格記錄，學生透過表格記錄，可以一步步思考倫理問題，以不同的面向重整案例經驗，反思自己的內在情緒、想法及做法，也更深化他們對事件的體認。鄒院長笑說，這樣一來，增加學生在醫院實習時對倫理議題的敏感度，也可以促使學生主動複習大二時學過的倫理原則、個案分析法。

小組討論腦力激盪

醫學倫理教育的目的是要教導醫學生理解實踐倫理原則的方法、認知符合醫學倫理的行為，以能增強學生落實倫理行為的意願。且能在臨床學習及日後的工作場域中繼續激發他們的倫理敏感、發展倫理推論技能，逐漸有能力適切地處理倫理難題。由理論進入到實踐、達到思想行爲的改變，這不是一蹴可幾的，過程是漫長的。老師的講授可以建構學生的倫理知識基礎（如倫理原則、個案分析法等），老師也可經由倫理案例之解析協助學生理解倫理議題思維的方法，但這些授課方法仍難以讓學生有眞實感，尤其是醫學系高年級的學生常覺得學校教的是一套，到臨床看到的又是另一套，反而產生挫折感。因而鄒國英院長在探討自主學習組成要素及成人學習原理後，課程設計成以專題討論爲主，輔以課前作業及專家演講。

專題討論的部分，由全班學生依臨床實習醫院地點分成六組（以方便學生進行課前討論），六位參與課程的臨床老師各指導一組學生的專題討論。每個報告組需在授課時段外，爲所選定的專題報告進行小組討論。每堂上課的節奏就是，五組學生分別進入五間小班教室，以小組方式討論當週案例，接著到大教室聽報告組同學報告背景資料、分析個案及全班對倫理議題的討論。

鄒院長總是說：「我們常常告訴學生，不要因爲老師在，你就講覺得老師會想要的答案，那是對你沒有什麼幫助的。你要講出你自己眞實的一些想法、看法。」在這樣輕鬆、充滿互動性的氣氛下，學生勇於發表自己的看法，對於臨床議題的倫理探究進行深入且全面的討論。

「課前會有一個老師指導報告組的準備，在那個情境會有什麼樣的倫理議題呀，有什麼方面他們要去查資料呀，都會有老師去指導，希望他們做報告的時候都可以成功。」透過老師的指導，讓報告組學生能夠更全面性的報告。除此之外，鄒院長也設計讓報告組學生可以分散到各小組去記錄他們討論的重點，「所以很多報告組同學覺得很有意思。他們對於這個案例，已經討論了兩三個星期了。現在另外幾組同學拿他們準備的案例去討論，他們覺得他們可以學到不同的觀點，也激發了自己更多的想法。」透過鄒院長的設計，學生不斷地進行思想的激盪。

除此之外，鄒院長對於課程還有一個貼心的設計，「在進行小組討論的時候，剛開始都是同一組學生在進行第一個議案到第六個議案的討論，後來有同學反應說，同一組同學的觀念和看法都知道了，想要聽聽不同同學的。我就在討論完第三個議案之後把他們換組，他們就可以聽到不同同學的看法。」換組的設計讓學生可以與其他同學進行新的思想交流，也可以接觸到不同的臨床老師，對於倫理議題思考架構的建設相當有幫助。

倫理不是非黑即白

鄒院長並不希望學生總是用純粹報告的方式來呈現，她希望學生可以提出問題，讓同學去思考、去討論，偶爾老師也會提出一些面向來挑戰他們，透過這樣腦力激盪的方式，一步步建構出倫理思考的邏輯架構。

倫理不是非黑即白，也沒有標準答案。「每個老師的答案都不一樣，所以學生就可以聽到不同老師的考量點在哪裡。」也因此，鄒院長也不會要求學生在小組討論時要理出個共識。

但鄒院長也說，倫理雖然沒有標準答案，但也不是沒有答案的，「常有人說倫理是沒有答案的。我說不會吧，你當下作決定就一定要有一個答案呀，所以你自己在那個場景之下，你要有你自己的想法，以對問題的解決作出一個抉擇。你的內容可能會跟別人的不一樣，可是你必須要有你自己的答案。說倫理問題沒有答案，應該是說沒有一個大家都有一致看法的做法。」透過鄒院長的言談，讓我們更加瞭解倫理對於醫學生的重要。

精心設計案例

最初是採用臨床醫師依自己的經歷編寫的倫理教案。老師選擇的案例，多選自學生在臨床學習時較常遇到的倫理議題，如隱私與守密、病情告知、知情同意、病患自主權等，不會讓議題太單調，會將議題再加以設計，增加觀點與面向。

近年鄒院長則鼓勵學生將組上同學的實習經歷改編成案例，或自己去找案例，增加學生的臨場感與討論興趣。學生為了教案編寫，會去訪問臨床醫師或醫院的法律顧問。為了增加戲劇性，他們在老師輔導之下會模擬各種將來可能會遇到的窘境，添加了不少成分在內。但是學生感受不一，有人覺得很有真實感、參與感，有人卻覺得有壓力，因為到醫院實習後，可以相聚討論的時間不多，加上也不容易遇到適合的情境，於是改成由學生決定是改寫老師提供的案例還是自行編寫案例。

除此之外，鄒院長也依據報告組學生與老師所確認的倫理案例、可引出討論的主要倫理議題，準備好共同的教材與參考資料，之後再將資料轉給授課老師。在每次專題討論課前半小時，六位老師會先在醫學院教室進行課前討論，就案例的論點及倫理議題的精隨、爭點，進行共識討論。

不同領域的臨床醫師陪同討論

「這個課程當初會由系主任來上，並不是因爲我有受過什麼特別的培育，而是因爲找不到老師願意來上這門課程。這門課程並不是那麼容易上，一定要想各種方法，讓學生願意投入、專注在這門課程。」鄒院長表示，一般而言，臨床醫師多不願意在臨床和學生討論與倫理相關的議題，大多是因爲不知道要如何談沒有標準答案的倫理相關議題。所以醫學倫理課程，小組帶領老師是邀請有意願的臨床老師參與，目的也是想藉由教學相長，也增加臨床老師對倫理議題的覺察與反思能力，使他們的醫療行爲更符合倫理，可作爲學生在臨床學習的楷模。

「我們有幾個老師對這種倫理的教學蠻有熱忱的，幾乎每年我就會詢問他們，今年可不可以再來參加這門課程，他們都說可以。其實他們不需要這個學分，因爲臨床的學分都很夠，他們大多是本身對這個方面很有興趣，而且覺得任重道遠，認爲他們來是對學生眞的有幫助，而這個幫助是很重要的。我覺得這個課程能有這樣幾位臨床醫師願意來參與課程，蠻好的。」五名臨床老師都來自不同專科。

在專題報告之後，臨床老師也會上台與學生分享，當初他們在臨床上碰過什麼類似的經驗，而當時他們的理念是什麼、是怎麼樣去處理與面對的。鄒院長表示，「學生覺得聽臨床醫師現身、現場的說法，是他們覺得最有收穫的部分。因爲他們以後都要做臨床醫師，在醫院裡面，醫生都很忙，你不一定有機會跟他們談這種非知識性的倫理方面的思維或是判斷。」藉由臨床老師的實務分享，縮短理想與現實的差異，讓學生在倫理課上所學到的，有助於他們之後在臨床學習階段或以後執業時，能持續檢視他們的倫理思維、勇於面對倫理問題。鄒院長也會再邀請與討論案例領域相關的醫師或人士，以「神祕嘉賓」方式來與學生分享實務經驗，使學生獲取眞實生活案例的深刻領悟。

討論勝於授課

鄒院長大學時期也有醫學倫理學這樣的課程，但是當時都以「授課」的方式呈現，每堂課都是老師站在台上講課，學生比較容易分神，課程也顯得較爲枯澀無趣。於是鄒院長當初規畫課程時，就決定要用「小組討論」爲主軸，營造學生與老師及學生間的互動、並深化學生對倫理議題各面向的瞭解。她認爲，藉由同儕間的討論，激盪出來的想法，對於學生倫理思考架構的建設更有幫助，學生也反映「這樣的過程令我們成長」、「好幾次的討論，我也被同學對於病人的關心與堅持而感動」。

現在大部分的醫學系也都有醫學倫理的課程，鄒院長也訪評過他校的醫學倫理課程，「大部分是大班的討論，我覺得那個效果和小組討論會不太一樣。小組討論因爲人數少，大家都有機會發表自己的看法。我們又讓他不會只限於這七八個同學的想法，到大堂課的時候還可以聽到別組同學的看法。」輔大醫學系學生由於大三、大四都有用PBL課程的方式學習，每個星期有六到九個小時就是在小組裡面，對於小組討論已經是相當熟練，大多不會怯於表達自己的意見。也發現學生這樣培訓下來，到臨床實習時，大多很知道怎麼去提問題、找資料，相關的能力顯得相當純熟，也都比較知道怎麼表達自己的看法。

「我覺得教授的方式不可以只用上課的方式，那樣的話，老師教的原理可能沒聽到，或是聽到了卻不知道到實際狀況的時候怎麼運用。所以我設計這個課程的時候，就蠻強調要用一些案例情境。然後老師是用導引式的，而不是直接告訴這個案例有甚麼倫理的爭議點，我們要怎麼去想。」透過鄒院長的設計，讓輔大醫學系的醫學倫理課程，更顯得獨樹一格。

法律不限制住倫理思考框架

「我們在小組討論的時候，相關的法條我們還是會請同學最後要提出來。但是我們也一直提醒他們，不要一開始就提出法條，然後說因爲法條規定怎麼做，所以我們就怎麼做。法律是下下策嘛，法律是大家都很有共識才會訂出，但是法律之後還會再改，因爲覺得不完善。所以一定要形成你的思維、你的核心價值、檢視你心中的那把尺在哪裡。」

鄒院長表示，她總是告訴學生，要思考的是，要怎麼在不違法的情況下儘量幫忙病人，有時甚至需爲病人爭取權益；不可能都法律怎麼規定就怎麼做，思維會被限制住，因爲有時候法律的規範並不是那麼完備。鄒院長說，她還是會讓學生在倫理課的時候學到案例相關的法條。譬如說，愛滋病的病人該不該通報，相關的法條是有規定的，但是她還是會一直提醒學生：「不要一開始就拿出法條來，我們這不是法律課，這是倫理課。」

天主教背景拓展討論範圍

大多數人也許會認爲，輔大這樣的天主教背景，會限制住醫學院的相關倫理討論。但是鄒院長說，這樣的背景並沒有侷限住他們探討相關敏感議題，例如說安樂死、墮胎等。

這樣的大學背景，反而會讓學生在討論案例時，多思考各宗教的立場，例如佛教、基督教、天主教是怎麼看的，他們的思考脈絡又是什麼呢？因爲輔大的宗教背景，反而給了學生更大的討論空間。

專題演講增加學生視野

醫學倫理課程每年請二至三名老師或醫師給予專題演講。鄒院長說，過去都會請哲學專業的老師來演講，透過哲學思維來探討倫理議題。另外再請足以爲學生楷模的臨床醫生，分享他行醫的心路歷程。「一個偏哲學，一個偏臨床，感覺很剛好。」鄒院長笑說。

去年鄒院長又再加請一名法學背景的老師，「他是一個律師，可是他後來是教倫理學的，他來談，學生就會覺得好震撼喔！可以從法律的觀點來探討倫理議題，而且思緒很精準，學生可以學到他的思維。」在鄒院長這樣的規畫下，學生可以透過演講，瞭解到倫理哲學、臨床、法律哲學三個面向的思考脈絡，對於學生的學習有很大的幫助。

未來願景

「儘量多邀請一些臨床的老師來參與這個課程，這樣以後他們在臨床遇到的個案就可以就近和老師討論。我覺得這是我最終想推展的一個方向。」

鄒院長每年對於課程都會做調整，但是在她心中，還是有個最終想推展的方向。鄒院長表示，學生回到學校集中來上這樣的課，到底還是很人工式的，況且那些情境可能是很久以前遇到的，或不是學生經歷的情境，討論起來還是不那麼眞實。

所以鄒院長認爲，最好是在臨床上，大部分的臨床醫師可以跟他們討論這樣的事情是最理想的。或許，以後就根本不需要這個課程，而是散到醫院的各個角落都在上這個課程。

然而，鄒院長也表示，這樣的狀況是很理想，但是實行起來並不是那麼容易，現在能做的就是再多請一些臨床老師來參與，讓學生討論起來能更具眞實感。此外，增加更多臨床老師在臨床上與學生討論倫理問題的意願與能力，逐漸成爲學生的楷模，營造培育學生倫理敏感度、思辨能力及處理問題能力的環境，以收潛藏課程的效果，此爲倫理教育的最高境界。

結語

鄒院長自九十四學年開設這門課程後，就持續研究如何的授課內容及方式能對六年級的醫學系學生有所觸動，如何能對他們日後的行醫生涯有些幫助。透過小組討論、引導式教學的方式，抓住學生的注意力，讓學生自主式的學習，同儕之間的腦力激盪，加上專業臨床醫師的提點，讓學生對於倫理的思考架構，逐步的建設，思想也愈趨成熟、完整。當然，二學分的醫學倫理課並不能就此培養出有倫理觀的醫學生，但可以增加學生對醫療倫理法律的認知，及瞭解倫理判斷的重要性，爲往後醫療生涯作一個良醫奠定基石。

以愛包容他人

鄭其嘉口述
盧冠雯撰文

以「為人」的角度關懷他人，在待人處事上，更以謙遜的態度與他人學習，感謝、珍惜前人鋪路的機會。

任教於天主教輔仁大學公共衛生學系的鄭其嘉副教授，以她對於性教育、健康促進領域的專業，和身爲一名虔誠的基督徒，在課堂上激盪出許多不同的火花。並且以開放、強調學生自我辯證的教書原則，引導學生以不同的角度認識、保護與珍愛自己。

啟蒙

「其實我的求學之路，一直都還滿順利的。」鄭其嘉老師大學唸的是國立台灣師範大學健康促進與衛生教育學系，畢業後至國中擔任健康教育老師，累積教學經驗，拿到碩士學位後，再去國中任教兩年，之後便轉至教育局擔任行政工作兩年。而後，剛好教育部有開性別研究領域的留學資格，她考取公費，到美國德州大學奧斯汀分校研究教育心理學，拿到博士學位回國。

當初往性教育這塊台灣國內較爲艱難的學科研究，並且當上副教授，鄭老師其實是受到碩士班指導教授晏涵文老師的啓發。從前輩身上看到這看似艱難的學科，其實有迷人之處。她也從老師身上學到對於專業的「堅持」，怎麼樣去面對外人的攻擊與批評，把它化爲力量繼續研究下去。

提及怎麼會想當大學老師呢？鄭老師笑說，因爲從前在旁看晏老師做做研究，可以賺很多錢，社會地位很高；更重要的是能夠常常與學生討論高深的理論，一同研究，非常地羨慕。

與輔大結下緣分

從美國德州大學教育心理學拿到博士學位後，鄭老師回國找尋工作。一開始受學姐邀約去南部幫她代研究所的課，但她發現南部的生活並不是她想要的。從小到大在北部長大的鄭老師，沒有親戚和好友的生活，讓她備感孤單，於是她決定北上，重回親友的懷抱。這個契機，讓她與輔大結下十年的緣分。

鄭老師回想當時來輔大教書的經過，或許是上帝的安排吧，讓她求職和念書一樣地順遂。那時因緣際會下，在輔大公共衛生學系兼課，覺得輔大的環境清幽、漂亮，富有人文氣息，學生也都很乖巧聰敏，讓她印象深刻。之後剛好公衛系有職缺，找尋性教育方面的老師，鄭老師順利地通過教師評審，二〇〇五年正式成爲輔大的一份子。

課程特色

在輔大教書的前期，多半是支援其他系上老師的課，補足不足的知識。但近年來，鄭老師規畫了自己特色的課程，以個人健康、行爲入手，去思考如何讓大眾更健康。鄭老師負責的課程以兩大領域爲首，包括近年來推展的健康促進，與國人不太敢談的禁忌「性教育」。

「大家的觀念都太負向了，讓運動變成健康的一種壓力。

鄭老師說，很多人認為健康教育剝奪人的樂趣，於是她想以人性為出發，強調人為意識的因子，由個人需求為出發點，尋找快樂的本質，讓每個人願意付出而得到健康。

至於性教育呢？鄭老師笑著說，這塊領域既複雜，又包含很多社會固有的禁忌，但她就是研究這領域出身的。她說：「你知道性教育和性別教育差別在哪裡嗎？」性別教育牽涉的範圍以兩性互動為重點，但性教育包含性價值觀的塑造與衝突。她有責任讓學生知道，保護自己也保護別人。

自我辯證歷程

鄭老師自認非摩登一族，思想並不屬於解放派，在教授性教育這領域還是以謹慎、保護自己的觀念指導學生。面對學生提出的道德問題或價值觀不同的挑戰時，鄭老師會以保護學生的立場爲出發，指導學生。但「被動地給學生魚吃，不如教他們怎麼自己釣魚」，鄭老師特別注重學生「自我辯證」的過程，超脫給予是與非的兩極答案，瞭解每一種選擇所帶來的後果，爲自己負責的價值自我澄清的歷程。

自我辯證對於性教育的重要性在哪裡？這其實是師生間雙向的溝通。第一，老師要作功課研究各種性知識的價值觀，思考自己的立場，形成自己對於性教育的論述，不因學生的論點而隨波逐流。第二，學生必須有一套自己關於性的看法，歸納與重視自己的觀點。第三，讓學生在課堂上分享自己的看法，鄭老師給予回饋，形成一種討論的空間。最後，透過三級預防觀念的宣導，也就是性行爲前、中、後的防護措施，爲課程拼上最後一塊拼圖。

角色轉變與心路歷程

鄭老師因爲是師範教育體系出身，對於師生之間的角色扮演非常嚴格，讓她剛在大學任教時，很不適應。但隨著教學資歷逐漸豐富，這個問題也就慢慢消失了。

社會大眾現今的思想日益開放，時代潮流也不停地衝撞對於性教育的既有概念。問她如何調適與自己信仰的衝突，以及是否因此改變上課態度。鄭老師笑著說，她瞭解在課堂上面對的不是教友，而是學生，在教學過程中會以開放的胸襟，與同學討論。鄭老師不將自己對於性的觀念強加在學生身上，對於觀念不恰當、不懂得保護自己的同學，老師會蒐集案例，與學生討論正反的價值與意義，以耐心和經驗與他們分享，希望學生對自己的未來承擔責任。

鄭老師身爲基督徒，生活中很多的制度、行爲準則，其實都與教義有所不同。她教學生涯一路以來，「經過不同的轉變與調適，放棄了某些自我的堅持。但這些都讓我更信靠主。愈想抓住些什麼，愈用力反而愈抓不到。唯有自己學會調整，學會等待，才能用智慧面對主、面對學生。」

教學成果與輔大學生

提及教學成果，鄭老師幽默地笑了笑說：「沒有什麼成果耶，選修學生變多了，算教學成果嗎？」鄭老師其實謙虛了，至今讓公衛系走出了自己的路，有了一套完整的課程計畫，與其他老師的合作教學成就獎，性別教育教案合作比賽，讓學生接受艱難的心理學理論，爲鄭老師的笑容增添了幾分光彩。

鄭老師對於公衛系學生特質的期望，「公衛系是一個非以賺錢爲目的的系所，希望就讀的同學要有熱忱，對人要有熱情，才能教導人，如何關心別人。」這個系所同時也注重對健康促進的熱情，學習如何去動用資源、與夥伴溝通，達成目的。

輔大強調以愛包容他人的精神，強化合作的氛圍，學生態度很謙虛、謙卑，私底下也很尊重老師。「這是我覺得天主教學校的學生保有的最大特質，但有時候專業能力和信心不足，這是學生的致命傷。」鄭老師說。輔大學生應該平時多充實自己的創意、專業能力和合作的執行力，對自己有更大的信心，其實一點也不會輸給公立大學學生。

「你的日子如何，你的力量也必如何。」〈申命記三十三章24－25節〉

鄭老師希望輔大的學生在大學時期培養人文的關懷，以「爲人」的角度關懷他人。在待人處事上，更以謙遜的態度與他人學習，感謝、珍惜前人鋪路的機會。珍視自己所學，期許自己更認眞、有自信，在社會投入更多人文素養的因子。希望學生功成名就後，回頭看看自己，以自己和輔大爲榮。

最後，鄭老師期許同學：「常常喜樂，不住的禱告，凡事謝恩。」

第三部

生命的力量

榮家爺爺生命故事

陳惠姿

學習聆聽是關懷與照顧之入門，世代間的傳承豐富彼此的生命經驗，這項服務學習埋下的種子，仍待持續灌溉助其發芽、長成種苗。

高齡者總是擁有一籮筐的故事，同時期盼分享其個人過往人生經驗的心理發展需求，輔大護理系在大一新生的「大學入門」課程中安排學生進入榮民之家，聆聽榮民爺爺「人生故事」，作爲學習與高齡者溝通、實錄寫作。本文將敘述護理系安排一年級學生在聆聽榮民爺爺生命故事的服務學習活動中，孕育其聆聽能力、表達能力與同理心之歷程。

服務學習的實作場域

板橋榮譽國民之家（簡稱板橋榮家）成立於民國五十八年，民國九十八年時約住有一千五百位榮民，平均年齡爲七十八歲。生活有人照顧，但是如同一般老人，喜歡講述當年自己英勇的事蹟，需要有人願意當聽眾，「生命故事敘事與撰寫的服務學習活動」爲將部分榮民爺爺們講述他過往的生命經驗故事，錄音並轉譯成文字檔，最後寫成短文或製作成加上配樂的微電影。

服務學習的歷程

整個歷程分爲三部分：

一、服務前之準備期

此準備期包括：觀賞《銀簪子》紀錄片並邀請榮家人員到校演講與座談，認識榮家與榮民；舉辦生命經驗訪談工作坊，準備主題、所需器材、訪談後資料轉譯爲文字檔的技巧等；舉辦影片剪輯工作坊，學習將資料整理成爲電子檔。

二、服務學習活動

六十七位學生分成十一組分批前往板橋榮家兩次，每次二至三小時。第一次服務學習活動，每位同學聽取一位榮民爺爺的生命經驗約一小時，做成錄音檔；之後訪談錄音檔轉成文字稿後整理成「生命經驗短文」。

在第二次服務學習活動中，請受訪爺爺確認內容之正確性或增刪內容。協助榮民爺爺掃描重要的人生文件，包括「動章」、「舊時照片」……等。最後將訪談生命故事及相關圖片做成三至八分鐘的DVD，贈送給受訪爺爺。

三、成果分享與慶賀

請八位受訪爺爺前來學校，與所有學生共同分享服務學習所完成之短片。

服務、學習、心得與反思

服務的目標

「陪伴榮民爺爺」、「作爲聽眾聆聽榮民爺爺生命故事」是服務的主軸，六十七位學生們穿著「服務學習」黃色背心，穿梭在榮家的十二棟建築間，吸引不少目光，增加他們生活中的新鮮話題，茶餘飯後多了個話題：「你的那位學生，你講什麼給他聽？聽……」、「我的那位學生做的DVD有我的船員證、返鄉照片……」，學生與榮民爺爺們互動中的關懷，正是實踐公民責任的回饋。

學習的目標

每一位學生對所聽的生命故事要錄音，然後謄寫逐字稿、撰寫短文、製作及配音；這些文字、語音、圖像表達能力是學習，多數學生在榮民爺爺的讚賞下，努力完成爺爺們所期望的DVD，達成課程中的學習目標。

服務學習的心得與反思

一、精心準備講故事的爺爺們感動了聽故事的學生

說故事的爺爺們多事先準備了個人多年來的珍藏品，讓原來擔心害怕被拒絕的學生們受寵若驚、大開眼界。

「剛開始的我不禁有點懷疑，爺爺們真的願意與一群不曾相識的陌生年輕人，分享他們的故事嗎？」

「爺爺喜歡攝影，曾經開過攝影展，他說給我看他最喜歡的作品……」

「爺爺說這是珍藏多年的上海市民身分證……，可能在台灣是獨一無二的。」

「爺爺返鄉後，與家人團聚的照片是他心中最大的心痛也是安慰。」

「爺爺給我看他壓在箱底的抗戰時期的紙鈔，都還很新呢！……」

「張爺爺一個人有兩張外籍船員證，埃及的……巴拿馬的……還有他與其他外籍船員合照照片……他去過許多地方……」

「在訪談中，爺爺說：『今天跟你講話，我非常的高興。』這句話讓我聽了好感動，年長者真的很樂意與晚輩們分享他們的生命故事。」

二、跨越過濃濃鄉音的溝通經驗

「聽不來爺爺所講的」是學生在訪談前所擔心，包括口音、話題、甚至背景；訪談後，謄寫的逐字稿中有許多「……」，爺爺們看（聽）文稿內容後多加以補充，而且對內容的忠實性大多給予肯定。原來語言不是溝通的唯一條件，真誠聆聽、耐心地問，加上紙、筆、圖片，對彼此年齡落差六十多歲的兩代人，都是難得的經驗。

「爺爺的口音沒有很重，大部分我都聽得懂……」

「……一口浙江腔，然而要聽得懂爺爺所說的逐字逐句，對我來說有一大段距離，但我努力瞭解他想表達的……。」

「爺爺講的話真的都聽不太懂，好幾次因為聽不太懂爺爺說的話而接不上話……」

「爺爺是大陸四川人，所以難免有些口音，不過爺爺都會用寫的，寫關鍵字讓我更好瞭解他所要表達的人事物……」

「爺爺的口音我聽不太清楚，我一直聽不太懂，後來爺爺……把所有的東西收走，我整個人嚇傻了，我以為爺爺不喜歡我了，不理我了，我一心急且連話也說不出來，我的眼淚就不爭氣的落下來了，而且一發不可收拾的開始大哭。爺爺被我突如其來大哭的舉動嚇到：『你別哭啦！我打八年抗戰都沒哭啦！你沒甚麼好哭的啦！你聽不懂，我就慢慢講給你聽啦，你就別哭啦！……』我突然覺得志豪爺爺好像我的爺爺，後來逐漸能聽懂……」

「我在家裡是很少講話的，……我不曾敞開心胸跟我的父母談過一次話。這次與爺爺談話，是爺爺的引導，讓我覺得我要更努力去克服心中的障礙，我在這個活動中，我懂得如何去傾聽……」

三、生命鬥士的智慧箴言令青年學子動容

生於一九九〇年代後的學生對榮民爺爺的認識十分有限，透過觀賞《銀簪子》、《榮家介紹》，效果似乎不大。徬徨、期待、緊張的情緒經常出現在提問中，完成生命故事短文時，字裡行間表達出許多的感動、佩服與感激。

「當我聽到要去服務學習時，心中有點徬徨，……可是我也很期待他的故事，因為他擁有我從沒經歷過的事情，……第一次看見爺爺，我好緊張……」

「人總是要活下去，與其留在原地傷心啜泣，不如抹了抹臉繼續向前邁進，……才可能有踏出一片天的機會。」「就算環境再刻苦，就算當下有多難跨越那道障礙……。」

「爺爺用了他大半輩子證實了這麼一個道理，……退伍後了怎麼辦？憑藉以往當海軍的經驗找到了跑商船的工作，……跑商船累積出的金錢貨物概念，幫助他在外商公司找到稽核貨物的職業……。」

「爺爺的一生並不順遂美好，甚至說不上平穩，但靠著過人的毅力和堅定的信念，他走過了風風雨雨。……他告訴我，遇到挫折不要先想著放棄，試著放手一搏。」

「爺爺在亂世中離了鄉、在戰場上斷了腿，他的舉止和想法，一點也感受不到他是個受過傷和辛苦遷居過來的人。雖然少了條腿身體失去了重心，但生活並沒有因此失去平衡，生活上大小事務他仍自己來，他並不是一個殘缺的人，而是一位生命的鬥士。爺爺讓我感受到生命的意義不在於活得長久，而是如何面對人生……」

四、由陪伴榮民爺爺反思陪伴自己的爺爺奶奶的必要

「……靜靜地聽爺爺說話，前後大概也有三、四個小時吧！但是對我自己的奶奶呢？……我還不曾如此靜靜的聽她說話呢……」

「高爺爺跟我說要我有空就去看看我的爺爺，給他搥搥背，……他一定會很高興的。」

這一代大學生與高齡者互動的機會十分有限；但是，在忙碌生活中有機會聽老人家們講話嗎？認識、熟悉老年人的生活與經驗，可以培養現階段青年學子關懷、尊重長者。

結語

護理系致力培育具有「照顧（care）」、「關懷（concern）」、「熱忱（compassion）」的護理人，透過榮家爺爺的生命經驗的敘事與撰寫服務學習活動，學習聆聽是關懷與照顧之入門。

世代間的傳承，豐富彼此的生命經驗；這項服務學習埋下的種子，仍待持續灌溉助其發芽、長成種苗。

記錄在永恆自我的感動

——職能治療學系在世光教養院的學習與成長

劉倩秀

這些年來，我發現人文關懷是需要學習的，而學習是需要創造學習機會的。

因緣際會，職能治療學系的學生如此幸運，可至新竹縣天主教世光教養院服務與學習，最幸運的，是有別於一般學生的服務——職能治療。自二〇〇八年至今，職治系已至世光服務第六個年頭了；換言之，世光提供了敝系六年的學習機會。一位世光的院生，已由兒童期進入了青春期，要特別安排女同學和他互動，以免院生害羞；另一位院生，身高都比我高了，扶她上站立架也愈來愈吃力。每每想到我可以陪伴著院生們成長，此時的心情總是暖暖的。

猶記六年前第一次踏入世光教養院，由當時擔任院長的黃修女引導，看到建築是老舊的，油漆斑駁，然而窗明几淨，一塵不染。往後的長期相處，我深刻體會，這建築的特色，充分傳遞著世光的精神。老舊的建築傳遞著源遠流長而不曾間斷的愛；而潔淨的環境猶如院內教保員照護院生的心，純潔、盡心而無私。

將世光的精神，傳遞給職治系的學生，期盼他們將來能視病猶親、同理傾聽，是「世光教養院服務與學習」這門特色課程的主要任務。

這是一門以服務爲主，專業爲輔的課程。職能治療專業的部分，在校有四年的時間可以學習，人格養成的部分呢？《曠野的聲音》一書中有這麼一段文字：「一個人對事物的情感反應，才是眞正決定他的存在價值。這種情感反應記錄在你人格的核心、你的心靈、你永恆的自我……

當我們給餓的人一碗飯吃時，決定這行爲是否有意義，是你在充滿愛心施捨時，內心眞實的感受……。」

在陪伴職治系學生服務學習的過程，我的心裡經常出現莫名的觸動，有感動的，有無奈的，亦有傷感的。感恩世光的孩子，讓我們有機會學習同理、關懷、傾聽、意志力、毅力、互助合作、人際互動……。下文，我以簡短的文字，略微分享我與學生的學習與成長。

學習堅毅

這是一門對於大學生自治能力頗具挑戰的課程。爲了能夠九點準時到達竹東，學生必須於五點多起床，搭上早班捷運，轉搭國道客運，再轉新竹市公車到竹東；在嚴峻的冬天，更是挑戰當代大學生的意志力。令人訝異的是，同學的到課與準時程度幾近百分百。是特別的動力驅使著他們吧！

爲什麼同學們能做到呢？因爲他們心繫著世光的孩子。同學們想著，那些孩子正等著我們去，雖然孩子們的回應似懂非懂，可是在健康上，職治系的學生一定能夠幫助他們，這是他校學生來當義工所無法提供的、獨一無二的服務，非職治系的學生來不可……。

同學們想著，課本裡硬生生的臨床症狀，院生們用他們的生命呈現著，教導著我們，此情可貴，更要加倍奉還。曾有學生分享道：「身累心不累！」因為有服務奉獻的心，因為本著學習感恩的心，便能持之以恆地克服早起與嚴寒的挑戰了。

學習感恩

記得在一次服務結束的路上，由我開車返回輔大，車上含我共五人，有一名男同學分享著：「剛才我要離開時，××好像聽得懂我說的話。我說了再見，說了這是最後一次服務，××不笑了，低了頭，大眼睛裡充滿了淚水……」分享著，這二十歲的大男生，竟然哽咽了。

是啊！六年來，我帶著一梯又一梯的學生到世光，每一梯在道了聲「再見」之後，往往不會「再見」，人來人往，一梯過一梯，世光的院生無法以言語表達感傷，然而他們是有心的，感受著每一次再見後的不會再見。

反思，其實，默默地，他們以自身的障礙，提供我們學習的機會。不是嗎？！當我們每次揮揮衣袖離開之際，我們提供了他們什麼？這些年來，每次我都是充滿感激的。感激世光願意讓我們接觸這些孩子，世光給我們機會付出，讓我們感受專業存在的價值；世光給我們學習醫病關係的機會，讓我們的專業能力不會停滯於紙上談兵……。也期望職治系的學生，有朝一日成爲治療師之際，能夠感激臨床個案的身教，每一位個案，都是一次珍貴的學習經驗。

學習醫病關係

我們的服務內容，是透過帶活動來增進院童的能力。記得一次，在一個寒冷的早晨，一位需要訓練下肢耐力的發展遲緩兒，我請××同學帶他到外廊散步，外廊有斜坡、有門檻、有扶手，很適合這孩子。

由於治療室內還有其他學生需要關懷，我說明了重點，再帶了一趟，便放手給學生獨立陪伴了。過程中，我當然是掙扎於不放心和身不由己之間，人在治療室內，我的心卻一再地往外廊而去，忐忑不安。不過很幸運的，一切是如此的順利，以下是放手後，我的觀察與分享。

「××同學讓我很佩服，我只帶她和○○走了一趟走廊，就丟下她們了。可是，當我不放心，跑出去偷瞄一下時，××同學正帶著○○看著窗外，好棒的應變方法，既可以達到訓練下肢耐力，又可以調節身心，著時讓我安心不少……。又過了一下，我跑出去偷瞄時，××同學已經熱到將外套脫在椅子上，然後是聽到他一連串鼓勵的歌聲和口令聲……。順著孩子的需求，傾聽孩子的聲音，站在孩子的角度看世界。剎那間，你們的醫病關係，孩子對你的信任感，不自覺地建立了……。」

發掘內心真實的感受

每次服務結束，同學都會寫一篇服務日誌，內容包含活動摘要、職能治療教了我什麼？院生教了我什麼？我要感謝的人事物等四項。撰寫服務日誌，主要是希望同學能夠將自己的學習做一個整理，能夠銘記在心，不會隨著時間逝去，感覺淡了，學習成果也隨之消失。

世光的孩子用他們的生命教導我們，我們要學會、要記牢，並實踐於往後的生活；如此，我們彼此的生命才能更有意義。學生曾經寫道：

「我要警惕自己，院童以生命教導我們，學到的，就不能再犯，更不能忘記。」

「我的努力喔，我覺得是跟組員合作吧，因為一直以來我都喜歡自己一個人做事。我很努力的想要跟我可愛又善良的組員們合作，不只是在世光，自主學習計畫也是，而且我發現合作的力量真的比較大！自己也才不會這麼累~雖然我覺得我還沒有做的很好，但我會努力學習下去的。」

「想當初剛踏進世光，其實真的有點兒慌，因為不知道該怎麼設計活動，但經過這幾次的服務學習，我想真的有改變。原本我真的不敢大聲的唱兒歌，但我努力的唱出第一句，雖然很難聽，但可以看見××和我一起唱，那種感動，無法言喻，所以在面對院童，我想我花了很大的功夫！」

「在參與這堂課程同時製作自主學習的報告，有時實在會倍感艱辛，但是在完成的那一剎那卻會有無限的喜悅以及強大的成就感。在撰寫下每個文字的同時，其實都是在對內心作一種反省。我反省著我是不是還有哪些活動可以幫助到××，還有怎樣的資料我尚未收集齊全。」

「在世光，我學到的不僅是擺位拉筋單純外表的動作，要把一個人擺在正確的位置中才能展現他最大的能力，這句話可以應用在治療，更可以實踐於生活。我在寫自主學習的報告時，才發現原來我們已經進步這麼多。院童讓我們反省、回歸自己的生活，如果不是他們，我也不會進步這麼多。」

「我覺得我的心得好像在這段期間寫得特別多。從小我對心得、感想、作文什麼鬼內心情緒要寫出來的都很弱。這門課，有稍微練到一點點，雖然都要想好久好久，可能有好多感覺，可是講出來就變得怪怪的……。在這門課中，我報告了好多次，講了好多回，此時的我感覺有稍微稍微厲害一點點點點點點點。」

「對我來說，最困難的是觀察到了很多人生的課題，卻無法理出頭緒好好的去處理。比方說發現自己跟他們比起來很幸福，卻只在互相比較的時候懂得珍惜；比方說細細去想了看到的東西，感受到了，但是不知道怎麼讓很痛的東西變成成長……」

「世光教養院服務與學習」，是服務嗎？是讓我們學習人文關懷的一門體驗課程。人文關懷對於職治系的學生份外重要，因爲我們的工作需要與個案頻繁而密切地互動，而工作的本質即是關懷。如果工作只爲了底薪加業績，個人存在社會的價值將日益衰微。如果工作是心與心的支持，連自己對自己都倍感肯定。不只學生在學習，我也在學習。這些年來，我發現人文關懷是需要學習的，而學習是需要創造學習機會的。我們一起參與了這門課所創造的學習機會，也一起將成長記錄在人格的核心、心靈，和永恆的自我。

服務尋找生命的價值

李錦虹口述
徐于涵撰文

面對這樣殘缺的生命，學生往往會產生極大的衝擊與感觸。憐憫、感恩、惜福、自知不足的感受漸漸滋長，這是我們想要給學生的「禮物」。

教學理念

臨床心理系服務學習課程是三年級必修課程，由王英洲、陳美琴、李錦虹老師授課。

透過課程，讓學生有機會踏出校園，延伸自己的生活視野，藉此瞭解社會上其他不同生活層面的人生與困境。學習如何付出、奉獻，培養學生樂於助人的心，並從中重新檢視自己的人生，反思生命的意義與存在的價值。

教學目標

1. 針對課程計畫合作的機構，借助臨床心理學系的專業資源及經驗，讓學生能給予機構協助。

2. 落實「敬天愛人、人性關懷」的精神，以助人者的角色，關愛弱勢，爲弱勢族群盡一份心力。

3. 計畫性的整合校內資源，提供臨床心理學系同學實作與學習的機會。

授課初期甘苦談

李錦虹老師表示，授課初期比較難的，是要親自找服務單位、與單位的人員接洽。但經過多年的耕耘，也與許多機構建立起良好的關係。後來輔大服務學習中心成立後，有給予些幫助，能夠提供一些服務的單位，是一個強大的後盾，更建立起輔大服務學習的氣氛。

很明顯的是，近年來，校園形成一股服務學習的風氣，許多社團應運而生，學生也主動報名海內、海外的服務學習行程。學生有了充足的資源，便會更加願意投入。

看見不一樣的世界

學生在服務初期，由於不熟練的關係，經常需要工作人員的幫忙。有些服務對象也會看準這群學生是新來的「菜鳥」，而故意逗弄他們。學生剛開始會覺得有些受挫。但這些都是必經的過程，沒有人剛開始就能學會所有的事情，一切都是要靠時間的累積，慢慢地摸索才能夠上手。

有些學生反應，在服務的過程中，看到工作人員對待病童很嚴格，與他們原先所抱持的理念相左。學生認爲應該要溫和而非嚴厲。但是經過幾次的實習後，學生才知道，其實嚴格是必要的，否則無法控管。在學生的生命經驗中認爲，循循善誘、溫和的教導方式才是對的；但面對這些孩子，必須施以非一般的管教方式。這就是特殊教育的不同之處。

另外，學生也能深刻感受到工作人員的熱情。雖然他們長期服務這些孩童，但卻總是有著很正面陽光的態度，學生也因此感染了他們的人生態度，藉此學習正面、積極的迎向所有的挑戰。

學生透過實際的服務，開拓了視野，看見了不一樣的世界，有了不同於以往的體驗。

記憶深刻的分享

李錦虹老師表示，令她感到最印象深刻的是到聖安娜之家服務的一組學生。由於自己也去過聖安娜之家，所以更能體會學生的感受。

聖安娜之家是和輔大同爲天主教的社福機構，專門幫助身障孩童。學生到聖安娜之家要幫助餵食孩子，餵食的過程遠比學生預想的還困難。除此之外，最難的是要揣測病童內心的想法，到底要用什麼樣的方式，這些特殊的孩子才會接納他們，願意給他們服務。

學生在面對一群以前從來沒有接觸過的身障孩童，需要跨越內心的那道牆，學習如何幫助、如何發自內心地服務他人。

學生的抗拒

如果遇到對課程抗拒的學生該怎麼辦？李錦虹老師表示，大部分的學生不會有太大的抗拒，但班級中難免還是會有這樣的學生。現在的學生大部分是在優越的環境中成長，一直過著很順遂的生活，再加上有時候學生會對必修課產生一些排斥。因爲是必修課，學生被強迫要修習，反而會看不到這門課程眞正的意義。因此抗拒是無可避免的。

學生是因爲還沒有實際看到事物的完整樣貌而抗拒。但是當他們去現場，親身體驗何謂「服務學習」後，原本心中所抱持的質疑會豁然而解。他們會懂得爲什麼要付出，爲什麼這些人需要幫助，更能理解身爲心理系學生，學習服務是必要的。

不變的堅持

李錦虹老師認爲，這門課程訂定爲必修學分是對的。必修課程是反映一個科系的精神。臨床心理系學生未來大多是從事助人的行業，且大多數服務的對象是弱勢族群，要學會面對這群「與眾不同」的人，才能由衷懂得助人的眞諦。

透過這門課程，學生除了學習基本的助人技巧之外，也能看到自己的匱乏，從而提升自我學習的動機。最重要的是，培養學生付出與奉獻的心。

施比受更有福

服務學習能讓學生看到社會上不同的層面，而不是只想著未來能夠得到幾K的薪水，能夠存到幾桶金。太多時候，年輕人容易著急於事業上的成就。但是當學生去這些機構服務時才會知道，原來社會上還有許多人是需要幫助的。這些人過著與正常人不一樣的生活，甚至連基本的生活能力都沒有，只能依靠他人的幫助來支撐未來的人生，更不用談論他們是否有著美好亮麗的未來。

面對這樣殘缺的生命，學生往往會產生極大的衝擊與感觸。憐憫、感恩、惜福、自知不足的感受漸漸滋長，這是我們想要給學生的「禮物」。因爲在大多數學生的成長背景中，往往習慣獲得但缺少付出，無法體會在付出的過程中所看見的世界是何等的寶貴。

品格的陶冶是否出於主動學習比較好呢？但是如果將服務學習轉爲選修課程，可能很多學生會選擇不修。但是學生往往「不知道自己不知道什麼」，唯有去經歷過之後才會眞正理解。如同生命中總是會缺乏某些營養，大多數人都是挑食的，只選擇自己喜歡吃的食物；但往往被捨棄的，卻是自己最缺乏的養分。因此，我們希望透過必修的設計，讓每位同學都能夠經歷一趟「服務最小弟兄」的心靈之旅。

另類的生命對話

曾經有學生在課堂上提出質疑：「他們成天只知道吃飯、睡覺，對這個社會毫無幫助，就像是肉塊一樣地活著，我們爲什麼要服務這些人？既然如此痛苦，他們爲什麼要活著？」

李錦虹老師反問那位學生：「所以說，如果一個人對社會沒有奉獻，對這個社會沒有實質的用處，就不值得活著了嗎？」

學生很自然的點了點頭。

老師又回答：「所以如果你阿公、阿嬷年事已老，不能夠再爲這個社會奉獻什麼，他們也不應該活著囉？那些躺在醫院裡的重症病患也不應該救囉？」學生陷入沉默。

這是一個關於生命的對話。透過師生間的討論，能夠激發出不一樣的火花。學生能夠藉此重新思考生命的意義。究竟什麼樣的人值得活著呢？發人深思。

生在九〇年後的大學生，大多只看到這社會的美好，放眼望去都是過著安逸生活的人們，覺得這一切都是理所當然的存在，但卻不知道這只是冰山一角。試著踏出自己的舒適圈，看看這些你可能認爲根本不值得活著的人，再從中觀察與體驗，或許就會得到完全不一樣的答案。

未來期許

服務學習起初只是一個簡單的概念，讓學生經歷後產生新的體悟。但是後來從學生的實習過程中發現，仍需要更多精細的設計。老師也須自我要求，以求精進。學生很可能看到一個景象，因爲以前從來沒有碰過而被嚇著。也可能因此感嘆甚至產生悲觀，覺得上天不公平。而這就是這門課程除了服務技能之外最重要的輔導。從弱勢者的生活中，體驗生命中的不完美，以及互相支持的可貴。並在付出的過程中，認識自己存在的價值；最重要的是，能養成樂於助人的習慣，將來能處處成爲別人生命中的「貴人」，眞實感受付出的踏實與感動。

惺惺相惜

——透過服務，成就更完整的學習

陳凱倫口述
楊雅云撰文

讓他們參訪，希望他們出去，不要只有接觸到課堂的知識，還是要真的出去看，才會比較有感觸。

促進大眾的健康是公共衛生的目標，因此公共衛生專業人員的任務，即在於服務社會各群體；若能在大學階段中除學習專業知識之外，亦提供相關之體驗學習，將能使學生更加瞭解社會大眾之問題與需求。基於此教學理念，凱倫老師於其所授課程中，視課程內涵及可行性，設計服務學習的內容。大一的「社會學」及大三的「心理衛生」課程，即是凱倫老師持續多年的服務學習專業課程。

在大一「社會學」這門課，凱倫老師希望學生可以學習更廣闊的思考方式、更瞭解社會現象與問題。因此，期望透過「服務」之過程，使學生接觸到社會上之弱勢團體，導正學生對弱勢團體之刻板印象、瞭解弱勢團體之困境與需求。本課程之服務對象多元，歷年來包括：小太陽國小安親班（如輔大靈糧堂、中港講堂）、身心障礙社服機構（如天生我才新莊站）、醫療院所（如署立台北醫院護理之家、樂生療養院）……等。「希望學生們能眞正瞭解社會的弱勢團體，體恤他們並思考造成這些問題的社會因素」，這是凱倫老師在這門課尤其重視的。

心理衛生課程之服務對象則爲精神病患，服務學習的地點近年來都在新莊的仁濟療養院。凱倫老師說：「一般人都會害怕精神病患，但如果連做公共衛生的人都害怕，如何眞正瞭解病友？如何發現心理衛生之重要性與內涵？所以我希望他們能多接觸。」凱倫老師指出：「學生在接觸病友前，與一般人一樣抱持著負面的刻板印象與害怕，因此到精神療養院與許多精神病患近距離接觸，其實是一個滿大的挑戰。但也由於這樣的挑戰，讓學生對於未來可能從事的行業也有更深的瞭解，也更加明白自己需要擔當甚麼樣的角色。」

在服務學習前，凱倫老師會在課堂上透過各式教學活動使學生先具備應有的專業知識。與服務對象之接觸則安排兩次，第一次爲相見歡，使學生與服務對象先有初步的認識，瞭解現場環境與設備，並與機構老師商討服務對象之需求。第二次即針對第一次之討論，規畫各項服務方案。服務內容視需求可分爲衛生教育、娛樂團康、課業輔導……等，及機構老師建構之內容。

經過兩次的接觸，大多數的學生都覺得有很多收穫。除了能深化對相關知識之瞭解外，亦產生許多自我反省。成果雖然可能很震撼，但也是最深刻的體驗。首先，透過接觸服務對象，學生對他們的認識自平面的文字變成活生生的生命，常因此改變原本的刻版印象，甚而成爲服務對象權益的倡議者。學生說……

經過這次的服務學習，讓我更瞭解精神病患者。雖然他們的行為有些異常，但並非原先想像的可怕，社會不應該排斥他們、把他們標籤化。他們只是生病，我們應該存有同理心的對待他們。在服務學習過程中，顛覆了原先的刻板印象，也學習到許多與病友相處的方式，整個活動對於大家只有感動。

這次的服務學習讓我學到了很多，也讓我完全對精神病患改觀了，大家總是覺得精神病患就是瘋瘋癲癲的，會去亂咬人亂抓人，但是其實那些病患是重度的才會有這些舉動，一般輕度病患只是會笑笑的話很多這樣，是不用去刻意的隔開他們，以後如果看到輕度的精神病患，請不要覺得他們很恐怖，想要逃離他們，請用你的愛去接納他們，其實他們跟我們差不了多少。

偏見在互動中漸漸化開後再重組，使這些新新人類對服務對象之心態自原本的恐懼與陌生，轉而變成柔軟、憐憫與尊重。學生們說……

兩次短暫的相處，雖然過程匆促，但我覺得這應該是我人生中一項很重要的經驗。很多病友看起來都和一般人沒有差別，但內心都很需要被關懷。我心疼他們每天都要住在冷冷的病房內，不能和家人朋友相聚。其實他們一定很想回家，一定想趕快好起來。

從職能治療室的窗口往上看，看到一層一層的病房，心裡不免有些感慨：住在這裡就像被關在籠子裡的鳥，不知何時才能向蔚藍的天空飛去？

我覺得他們好可愛，可是心裡也有著感慨。一個正常的人卻變成這個樣子，如果他們心裡知道自己變成現在這樣子，他們家人也不太容易接受，不知道有什麼的感想。

面對學生的活力與熱誠，服務對象亦以滿腔熱血回報。他們拿出最大的誠意，每每在活動中以行動代表力挺，踴躍參與各項活動。活動後更熱情給予同學們正向的回饋與滿心的感謝，使學生充滿成就感與感謝。這些正向的回饋，可視爲服務對象疼惜同學付出的展現。學生說……

他們說我們辦的活動像是藝人的活動，讓我們不虛此行。服務得很快樂，很有成就感，有機會的話，希望能再回去幫忙服務。

許多病友非常捧場，很熱情的與我們一起做操、一起喊口訣，甚至還自創口訣，也很自告奮勇的上台示範。最後的回饋時間，他們對我們的評價不錯，也感謝我們，這真讓我們感到開心與感動。讓我感覺好像被肯定了，一切的辛苦都值得了。

他們熱情的回應，除了上課中踴躍的舉手發問與回答，還有下課後私下問的「你們下次什麼時候要再來？下禮拜的幾號？」這對我們來說，就是最好的獎勵了，也表現出最好的正回饋。

學生雖與服務對象僅只兩次的互動，在熱熱鬧鬧的活動之後，也常產生深深的自省。反省與家人的關係，反省自己的求學態度，反省自己過去對服務對象的不當觀念……等。學生們說……

第一次這麼靠近除了自己家人以外的爺爺奶奶們，我觀察到他們臉上、身上那些被歲月侵蝕的痕跡，心裡頓時突然很愧疚也很感慨自己常常忘記要回去看看自己的爺爺奶奶，促使我開始思考自己對親人的態度是否得當。

到此我才明白，身心障礙者每個人都有一個令人鼻酸的故事、都有不一樣的需求，豈是身心健康的我能夠體會的？最奪人熱淚的，是他們做每一件事的那顆熱忱的心還有真誠的意志。看著他們工作時的認真與相互督促、跳舞時的歡笑與開懷身姿、與老師道別時的自我檢討與依依不捨，突然覺得，這些正向的表現，反而是我們這些健康的人所缺乏的。

在相見歡時，我發現了以往的愚昧，那就是——他們是精神病患，但他們也是普通人，只不過思想比我們特殊。他們為人都很和善熱情，只是我們不習慣他們的生活習慣與行事方式。我們怕他們是因為我們不瞭解他們；我們要把他們關起，是因為我們怕受到傷害。但精神病患不等於殺人犯，我們這自私的想法真邪惡。他們的笑是真誠的笑，他們的一言一行是發自內心的，我們常人做得到嗎？

透過服務弱勢族群，學生均感謝服務學習讓他們接觸到不一樣的族群，上了寶貴的一課。對透過服務來學習專業學科之設計，多感到收穫很多。學生們說……

我想這是一個很好的學習方式，藉此看到了不同的人們，而且它們並沒有像我們原先所想得令人害怕，反而還讓人覺得和藹可親呢！

如果沒有參與這次的服務學習，我可能永遠都無法理解在這社會邊緣，竟然還存在著這些失去父親或母親的孩子。我們總是只能在紙本資料或數據上得知他們的存在。

有很多的學習，還真是要透過到校外的機構做服務學習才能有自身更深刻的體驗和感受，光是紙上談兵還不如實戰演練，即使活動前的設計規畫和活動進行的過程很辛苦，但有真正參與過活動，也才會更瞭解自己學會什麼？可以為社會做些什麼？將來畢業後出社會也才能學以致用。

凱倫老師透過於專業課程中融入服務方案之安排，提供學生直接面對服務對象的學習機會，帶領學生將課堂內之學理轉化後傳輸至實務場域之中，並使學生實際體驗學理之意義與應用狀況。「服務學習——惺惺相惜」是凱倫老師從帶領同學進行服務學習的深深感觸。同學們走出教室、進行服務，從中不僅增進了弱勢團體的相關知識，亦有許多寶貴的省思。在學生與服務對象短暫的互動中，充滿互相疼惜的氛圍。如某位同學的說法：「與其說是我們教了他們什麼，還不如說是他們帶給了我們什麼。」透過服務，的確成就了學生有更完整的學習！

從「做」中學，省思自我學習

楊式興口述
徐于涵撰文

縱使你具備豐富的專業知識與熟練的技能，但若無法貼近病人的心，也是徒勞無功。

課程目的與規畫

呼吸治療專業服務學習課程，爲輔仁大學呼吸治療學系大二上學期選修課程，每週一次，每次兩小時。由楊式興、龍芳、林昭成、簡辰霖等老師參與授課。主要讓學生在呼吸治療專業課程之前，先從做中學，以接近臨床照護實境，開啓對學習呼吸治療專業的熱誠。主要規畫爲一方面進入醫院之呼吸治療科室進行服務，另一方面與社會公益單位接洽，以服務人群。

經由「服務學習課程」，作爲學生進入醫院臨床實習前的引領，以提早接觸人、病人，感受人際關係的重要性，服務人群之積極性，也瞭解職場環境，認識呼吸治療師的專業角色與功能。

教學理念

1. 重視自我管理，表現積極的學習態度。
2. 注重病人安全，實際執行防護措施。
3. 觀摩團隊合作照護模式，學習全人照護醫療。
4. 著重健康的生活，積極投入服務人群。

學習目標

1. 熱心參與及規畫社會公益、弱勢或病友單位之服務活動。

2. 認識呼吸治療師工作環境。
3. 認識醫院工作環境。
4. 學習呼吸治療器材管理。
5. 參與呼吸治療相關服務。
6. 培養自負、自律、勤勞、服務與互助合作之美德。

課程剪影

推動理論實務並重的教學精神

輔仁大學呼吸治療學系自九十七年創系後，便於隔年（九十八年）訂立「呼吸治療專業服務學習」課程。希望能讓學生在還沒上專業及實習課程前，先認識呼吸治療師應有的工作態度與工作環境，也期許學生能夠藉由實務上的體驗，增進書本之外的學習，參與身體力行地去體驗醫院工作的內容、照護的環境與照護對象的需求。這也是響應輔仁大學的教育理念與現今教育所提倡的「做中學」。平日老師在課堂上教授的理論與知識基礎固然重要，但唯有親臨感受，學生才能跳脫出書本的框架，明確知道自己未來的工作環境、工作內容及專業態度。曾安排過的服務學習單位包括：新店耕莘醫院、亞東醫院、三軍總醫院、新店同仁醫院、衛生所、歡呼兒協會、病友會等。

傾聽病人的聲音

呼吸治療學系所培育出來的學生，基本上將來都是要成爲呼吸治療師，是醫療第一線的專業照護人員，因而在大二上學期就規畫此門課程，讓同學們能夠及早接觸病人，體驗及開始反思應如何服務這些病人。呼吸治療師扮演照護者的角色，有的時候甚至得長期陪伴這些病人，因此，如何揣測病人的心情，要用什麼態度面對、以何種方式對待病人，才能讓他們接受治療，不再抗拒，是很重要的課題。縱使你具備豐富的專業知識與熟練的技能，但若無法貼近病人的心，也是徒勞無功。因此培養學生觀察與人際交涉的能力，這也是服務學習課程的核心概念之一。

歡呼兒協會，學生自創遊戲陪伴病童

服務學習課程不僅僅是讓學生參觀醫院工作環境及參與科室服務，學生也必須以小組的方式，合力設計出相關活動，服務於社會。像是長期與輔大呼吸治療系合作的歡呼兒協會，就是一個很好的例子。歡呼兒協會爲一群呼吸治療師爲主所組成的協會，特別針對需要長期仰賴呼吸器維生的小朋友所創立的社會福利機構，除了提供這些小朋友醫療上的救助外，也倡導照顧孩童的身心靈發展，以促進病童的生活品質。

這群孩子們，有些是先天性的呼吸系統受損，有的則是後天疾病所導致的結果，甚至在智力上也會有影響，這些必須長期配戴呼吸器的小朋友，生活必須時時保持警覺，正因他們不能自主的呼吸，醫護人員就更應照顧到他們的身心靈發展。因此，學生會以團隊合作的方式，發揮創意，協力設計出一套小遊戲，來陪伴這些小朋友，藉由與學生的互動，讓他們也能享受到正常小朋友所應該擁有的快樂。學生們青春活力帶動氣氛，往往受到協會的讚譽有佳。學生們也體認到病童與家庭的親情與需求。

呼吸治療師的價值

有些學生在還沒有實際去機構服務前，對於呼吸治療師在醫療上的工作內容以及實質的貢獻，還不是很清楚。有些學生當初甚至是誤打誤撞才進入了呼吸治療系。有鑑於此，老師們認爲服務學習課程的設立更爲重要。有呼吸系統障礙的病人，其年齡層十分廣泛，從初生嬰兒一直到百歲的老人都有，而呼吸治療師必須依照不同的年齡族群，以不同的方式照護這些病人。許多學生在一學期的服務後都能切身體會到，呼吸治療師在醫療上的重要性，原來有這麼多人需要呼吸治療師的幫助；也因爲他們的幫助，這些病人或許在未來能夠有機會脫離呼吸器，像正常人一樣的自由呼吸。學生得以從中體認到呼吸治療師的價値與不可或缺的地位。

省思自我，重新出發

大部分的學生實際到工作環境服務過後，反應都很正向，眞正地認識何謂呼吸治療師，有些學生甚至因此而更加確立未來的志向，但是未必所有的學生都是如此。相反地，發現極少數學生到臨床服務學習，他會重新思考自己，發現落差很大，難免會產生退卻的態度，雖經師長輔導，仍選擇另謀發展。主要是學生看到醫院裡，那些患有先天性呼吸疾病的小朋友，看到那些永遠都不可能好轉的重症病人，內心難免會產生衝擊；看到垂垂老已的病人有著呼吸困難，學生因無法接受這種生命的脆弱，因此不喜歡這項工作。學生先前大多沒有長期待在醫院裡的經驗，服務學習課程每週有安排四個小時得待在醫院內，有的學生無法忍受醫院裡難聞的氣味，有些則是不能習慣醫護人員必須隨傳隨到，時刻戰兢的工作步調，而不想在這樣的環境下工作。服務學習課程讓沒有經歷醫療服務的學生們，看到呼吸治療師的實際工作面貌，也能讓學生及早思考自己：「究竟我是否適合成爲一名醫護人員？」

角色扮演的學習

一名好的醫療人員，從學校的課業上就須紮根的學習，認眞學習才能擁有足夠的專業知識，實務才會快上手，得以靈活應用在臨床上。態度則是需要長期的培養，因此呼吸治療系也在服務學習課程之後，在往後的專業課程與實驗的實作課程，設計出角色扮演的情境來練習，讓學生透過扮演不同的角色（呼吸治療師、病人），從中思考呼吸治療師與病人的關係，並學習如何與病人拉近距離，強化溝通技巧，提供呼吸治療的專業照護。呼吸治療師是照顧者，必須要有主動關懷他人的心、足夠的耐心與同理心，在照護病人的過程中，得到正向的能量與成就感，學習打從內心眞誠的微笑，讓病人感受到我們的眞誠，建立良好的醫病關係，

才能幫助病人往後的治療，並打造一個更友善、高品質、全方位的呼吸治療服務。

結語

呼吸治療服務學習課程，以專業性服務學習爲內涵，課程設計爲到校外之呼吸治療單位及社區或非營利組織機關團體，讓學生來服務學習，這也讓學生在教室內的專業課程學習前，透過此課程建構自我學習方向，最終達到課程目的之服務利他與體驗專業知識的雙重成效。

學院叢書 1
愛・希望・生命

策　　畫：輔大醫學院鄒國英院長
編　　輯：施以諾（輔大）、馮眞理（主流）
封面設計：黃聖文

發 行 人：鄭超睿
出版發行：主流出版有限公司 Lordway Publishing Co. Ltd.
出 版 部：台北市南京東路五段123巷4弄24號2樓
發 行 部：宜蘭縣宜蘭市縣民大道二段876號
電　　話：(03) 937-1001
傳　　眞：(03) 937-1007
電子信箱：lord.way@msa.hinet.net
郵撥帳號：50027271
網　　址：http://mypaper.pchome.com.tw/news/lordway/

經　　銷：
紅螞蟻圖書有限公司
台北市內湖區舊宗路二段121巷19號
電話：(02) 2795-3656　傳眞：(02) 2795-4100

以琳發展有限公司
香港九龍灣啓祥道22號開達大廈7樓A室
電話：(852) 2838-6652　傳眞：(852) 2838-7970

財團法人基督教以琳書房
台北市忠孝東路四段210號B1
電話：(02) 2777-2560　傳眞：(02) 2711-1641

2014年10月　初版1刷
書號：L1402

ISBN：978-986-89894-3-6（平裝）
Printed in Taiwan

國家圖書館出版品預行編目資料

愛・希望・生命 / 馮眞理編輯. -- 初版. -- 臺北
市 : 主流, 2014.10
面 ;　公分. -- (學院叢書 ; 1)

ISBN 978-986-89894-3-6（平裝）

1. 輔仁大學醫學院　2.文集

525.833/103　　103019009